KB201423

매일 복음 묵상 2
로마서 365

로마서
365

—● 매일 복음 묵상 2 ●—

김석년 지음

샘솟는
기쁨

매일 복음의 숲을 거닐며

"날마다 내게 적용되는 하나님의 말씀을 고요히 묵상하는 시간 - 단 몇 분 만이라도 - 은 내 삶의 질서가 분명해지는 시간이다. 묵상은 평안과 인내와 기쁨의 원천이다. (중략) 묵상은 우리 삶 속에서 자기 훈련, 침묵, 치유 및 만족의 영역에 지존하신 분을 모심으로써 그분을 섬기는 일이 된다." **디트리히 본회퍼**

구원으로 가는 숲길

나는 남산 숲길 거닐기를 좋아한다. 집에서 가깝기도 한 남산은 다양한 나무숲과 식물로 가꾸어져 있다. 야생

화 군락, 연못과 습지, 무궁화원, 은행나무 숲길이 있고, 다른 편으로 돌면 팔도 소나무 단지와 소생물권 서식지가 있어 전혀 지루하지 않다. 꽃, 나무, 군락마다 안내 글이 있어 새로운 지식을 얻는 재미도 쏠쏠하다. 난 그날의 시간과 형편에 따라 이곳저곳을 산책하며 자연을 묵상하기도 하고, 생각을 풀어 놓고 멍한 시간을 갖기도 한다.

또 중간에 남산타워로 올라가는 등산로가 있다. 그곳은 제법 길도 험하고, 자연 그대로의 숲이어서 또 다른 묘미가 있다. 아주 가끔 마음이 동할 때면, 숨을 헐떡이고 땀을 흘리며 그 험한 길을 따라 남산 정상에 오르기도 한다. 동서남북 서울의 전경이 한눈에 펼쳐지고, 시원한 바람이 불어오면 가슴이 확 트이는 쾌감을 맛보기도 한다.

이렇게 굳이 남산 숲길을 자세히 설명하는 이유는 로마서 말씀 묵상도 이와 비슷하기 때문이다. 로마서는 구원으로 가는 숲길이라고 할 수 있다. 그 숲길에 신앙 전반의 다양한 주요 주제들이 나타난다. 처음 가는 로마서 숲길은 버거울 수 있다. 그래서 이 묵상 글을 통해 한두 절씩 발걸음을 내딛으며 누구나 즐겁게 복음의 숲길을 거닐도록 돕고자 했다.

그 숲길의 안내판

로마서 5장까지의 내용을 한마디로 정리하면 이신칭의(以信稱義)로 인한 구원이다. 이를 거칠게 세분하면 복음에 관한 소견(1:1~17), 인간의 죄인 됨(1:18~3:20), 믿음으로 인한 구원(3:21~4:25), 구원을 누리는 삶이다(5:1~21). 이 구원을 누리는 삶은 두 가지 상징으로 표현된다. 바닷물같이 넘치는 은혜(5:15, 17, 20)와 왕같이 누리는 은혜이다(5:17, 21).

이 은혜를 누리기 위해서는 그리스도와 연합해야 한다. 곧 나는 십자가에 죽고 내 안에 사시는 그리스도와 함께 사는 믿음이다(6장). 그러나 나는 '의인인 동시에 죄인'이기에 두 실존 사이에서 갈등하며 더욱 하나님을 갈망한다(7장). 7장에서 8장으로 가는 길은 거친 등산로처럼 험하다. 그러나 8장에 올라서면 누구든 환호성을 지르게 된다. 성령으로 인한 승리가 눈앞에 펼쳐지기 때문이다.

이어서 온 세상을 향한 '하나님 선교'의 장관이 펼쳐진다(9~11장). 하나님이 어떻게 이스라엘의 '남은 자'와 이방인의 '충만한 수'를 연결하여 인류 구원을 완성하시는지를 보여 준다. 로마서의 숲길은 인류 구원과 맞닿아 있어 광

대하다. 숲속으로 들어갈수록 시간과 영원, 역사와 종말론, 칭의, 중생, 성결, 성화, 재림, 영화의 군락들로 울창하다. 이제 숨이 차서 잠시 쉬어야 한다. 새로운 '구원의 삶'의 숲길(12장)로 들어서기 전에 잠시 숨을 골라야 한다.

지금까지 걸어온 숲길이 내려다보이는 언덕이면 더 좋다. 그의 발아래 지나온 골짜기와 숲길이 보인다. 찬찬히 지나온 그 숲길들을 다시 살펴본다. 그의 가슴에서 절로 감탄과 감사가 솟구친다. 두 손 들어 찬양과 예배를 드린다. "깊도다 하나님의 지혜와 지식의 풍성함이여 (중략) 그에게 영광이 세세에 있을지어다 아멘"(롬 11:33~36)

말씀 묵상의 유익

이 구원의 숲길은 혼자 거닐 수 없다. 혼자 다니다 길을 잘못 들 수도 있고, 맹수나 강도를 만날 수도 있고, 깊은 골짜기에 빠져 위험에 처할 수도 있다. 반드시 하나님과 동행해야 한다. 하나님과 동행해야 '부족함이 없이'(시 23:1) 안전하게 그 숲길을 지나 '더 나은 본향'(히 11:16)에 도착할 수 있다.

하나님과 어떻게 동행하느냐(매일 말씀 묵상과 쉬지 않는 기도)는 1권 서문에서 다루었으니 여기서는 매일 말씀 묵상의 숲길을 거니는 유익에 대해서 나누고 싶다. 말씀 묵상은 하나, 하나님께 더 가까이 나아가도록 인도한다. 둘, 실수와 잘못이 무엇인지 깨닫게 하여 회개하게 한다. 셋, 마음과 생각을 평안과 안정으로 이끌어 굳세게 한다. 넷, 심령을 정결하게 하여 부패한 생각을 억제하고 죄를 이기게 한다. 다섯, 영혼을 소생시켜 치유와 회복이 일어나 새 힘을 얻게 한다. 여섯, 영감과 지혜를 주어 무엇에든지 바르게 분별하게 한다. 일곱, 주의 교훈대로 살게 하여 범사에 결실하게 한다. 여덟, 하나님을 더욱 갈망하여 쉬지 않는 기도로 나아가게 한다. 아홉, 하나님 알기를 더 원하고 범사에 주님과 동행하게 한다. 열, 말씀과 복음의 능력이 일어나 복음의 증인으로 살게 한다. 특히 로마서는 마틴 루터의 말대로 '가장 순수한 복음'이기에, 매일 로마서의 숲을 거닌다면 이상의 열 가지 유익과 축복을 누리게 됨은 너무나 자명한 일이 아니겠는가!

말씀 묵상의 숲길을 거닐면서 종종 묻는 질문이 있다. 조금 원론적이라는 생각도 들지만 묵상이란 무엇인가, 하는 질문이다. 일찍이 나치의 폭정에 반대했던 디트리히 본회퍼는 말했다. "당신이 사랑하는 사람의 말을 분석하지 않고, 있는 그대로 받아들이는 것처럼, 성경 말씀을 그대로 받아들이십시오. 마리아처럼 그것을 '마음에 새기어' 생각하십시오(눅 2:19). 이것이 전부입니다. 이것이 말씀 묵상입니다."

본회퍼의 말처럼 묵상은 사랑하는 이의 소리에 귀 기울이는 것이다. 사랑하는 이의 뜻을 생각하는 것이다. 그것이 전부이다. 부디 로마서의 숲길을 거니는 독자 모두에게 이런 묵상의 신비와 축복이 가득 넘치기를 소망한다.

"주 동행(主 同行), 주 행복(主 幸福), 주 영광(主 榮光)!"
"하나님께 가까이 함이 내게 복이라"(시 73:28)

2024년 3월
사순절, 십자가 길에서
일순(日殉) 김석년

차 례

피어오르는
5월

초하의 정열

6월

푸른 마음 한가득
7월

세상 품는 바다
8월

우린 매 순간 하나님을 바라보며,
날마다 하나님의 임재 안에 거하고,
온종일 하나님과 동행할 수 있다!

하나님과 동행을 위하여

일러두기

하나님과의 동행, 이는 하나님의 소원이고 우리를 부르신 목적이며 그리스도 주님의 마지막 축복이다. 이를 위해서는 얼마간의 훈련이 필요하다. 『로마서 365』는 매일 복음 말씀 묵상집으로, 하나님과의 동행을 위한 하나의 거룩한 수단이요 통로이다. 이 책을 다음과 같이 사용할 것을 제안한다.

1. 정시기도와 함께 하라. 하나님과의 동행은 먼저 정시기도로 시작하는 것이다. 정시기도도 안 하면서 어떻게 하나님과 동행할 수 있겠는가? 정시기도, 특히 아침기도 시간에 말씀 묵상을 함께 하는 것이 가장 효과적이다. 정시기도 훈련은 『쉬지 않는 기도 동행 31』을 활용하면 도움이 된다.

2. 말씀 묵상이 순종으로 이어지도록 하라. 말씀을 묵상하는 목적은 주의 뜻을 알고 하나님과 동행하기 위함이다. 곧 말씀을 따라 사는 것이 주님과의 행복한 동행이다. 매일의 복음 말씀을 읽고 묵상한 후, 제시된 과제로 기도하고 온종일 그 말씀을 따라 살라.

3. 항시기도로 이어지도록 하라. 매일 주어지는 한두 절의 말씀을 온종일 기억하면서 때마다 시마다 '성호기도' (하나님 아버지, 파라클레토스, 예수 그리스도, 키리에 엘레이손)를 반복하면 실제로 하나님과 동행하는 은혜를 누리게 된다.

4. '동행 스케치'를 쓰면 좋다. 이는 일종의 일기 같은 것이다. 밤에 잠자리에 들기 전 하루를 돌아보며 어떻게 하나님과 동행했는지를 생각하고, 하루를 스케치하듯 열 줄 미만으로 기록한다. 동행의 하루를 글로 기록하는 것은 나를 성숙하게 할 뿐 아니라 신앙의 산 역사가 되어 자녀와 믿음의 식구에게도 큰 기쁨과 교훈이 된다.

5. 멀리 가려면 함께 가라. 하나님과의 동행은 평생을 가는 먼 길이기에 가능한 한 부부, 자녀, 소그룹, 교회 지체와 함께하면 서로 격려가 되어 더 큰 동행의 기쁨을 누릴 수 있다. 필자는 거의 매일 아침 식탁에서 아내와 함께 『로마서 365』를 나눈다. 한 말씀, 한 기도, 한 동행으로 하루를 시작하니 더욱 깊은 부부애를 누린다. 또 고등학교 동창들과 카톡 단톡방을 열어 매일의 복음을 전송하고 서

로 받은 바 은혜와 기도 제목을 나누는데, 임마누엘 우정으로 새 힘을 얻곤 한다.

6. 할 수 있는 만큼만 하라. 처음부터 너무 잘하려고 무리하지 말고, 일단 할 수 있는 것부터 '하나씩' 즐겁게 하라. 전체를 전망하고, 하나씩 하여 익숙하게 되면 다음 것으로 발전 확장해 가는 것이다. 『로마서 365』의 독자는 매일 아침, 말씀 묵상부터 하라.

7. 그리스도 사랑의 마음으로 하라. 언제든 다시 예수 십자가다. 예수 십자가 속량의 은혜를 생각하고, 십자가 구원의 은혜에 기뻐하고 감사해야 이 모든 과정이 즐겁다. 의무로 마지못해서 하는 것이 아니다. 다시 십자가 앞에 서라. 그리스도 주님을 사랑하면 즐겨 말씀을 묵상하고 쉬지 않는 기도를 하게 된다. 가슴에 십자가 사랑이 흐르면 기쁘게 할 수 있다.

하나님과의 동행은 단번에 해치우는 과업이 아니다. 세상 끝 날까지 해야 하는 것이다. 날마다, 때마다, 시마다, 평생토록 주 안에서 주님과 대화하고, 주님을 즐기고, 주의 뜻을 구하고, 주의 사랑으로 불타오르고, 주님과 함께 사명의 길을 가고, 주님 나라를 소망하며 주님으로 내 잔이 넘치는 인생을 사는 것이다.

> "하나님, 오늘은 중요한 미팅으로 꽉 찬 날입니다. 오늘 제 입술에서 나오는 모든 말을 저를 대신하여 말씀해 주소서. 제 마음 안에서 걸으시고, 거기에서 주님의 뜻을 알게 하소서. 제 가슴 안에서 타오르소서. 제 눈을 다스리소서. 오늘 온종일 제 안에 거하시고, 제 안에서 사랑하소서! (중략) 저 하늘에 영원한 태양이 있는 것처럼 우리 영혼에 꺼지지 않는 불을 지펴 주소서." **프랑크 라우바흐**

5

피어오르는

5월

푸른 하늘을 향해

깨어 있는 지고한 믿음과

갓 피어오른 수국처럼

싱싱한 사랑을

우리네 가슴속에 피어오르게 하십시오.

너희도 너희 자신을 죄에 대하여는 죽은 자요
그리스도 예수 안에서 하나님께 대하여는 살아
있는 자로 여길지어다(롬 6:11)

♣ 빈 의자는 나와 함께하시는 그리스도를 뜻한다.

새로운 사람으로

그런즉 우리가 무슨 말을 하리요 은혜를 더하게 하려고 죄에 거
하겠느냐 (6:1)

지금까지 사도 바울은 복음에 관한 소견(롬 1:1~17)을
시작으로 인간의 죄인 됨(롬 1:18~3:20), 믿음으로 인한 구
원(롬 3:21~4:25), 구원을 누리는 삶(롬 5:1~21)에 대해 차례
로 이야기해 왔다. 이를 한마디로 정리하면 이신칭의(以信
稱義)로 인한 구원이다. 이 구원의 은혜로 우리 인생의 모
든 문제가 해결되었다. 무슨 말을 더할 필요가 없다. 그
은혜로 충분하다.

이 구원의 은혜는 두 가지로 표현된다. 먼저 바다처럼
'넘치는' 은혜이다(롬 5:15, 17, 20). 십자가 속량에서 흘러나
오는 은혜는 마치 바닷물처럼 흘러넘쳐 우리의 모든 죄
악과 저주를 덮어 버린다. 또 왕처럼 '누리는' 은혜이다(롬
5:17, 21). 믿음 안에서 은혜가 넘치도록 왕 노릇 하여 말로
다 할 수 없는 기쁨과 감격을 누리면 이전과는 전혀 다른
성화의 삶을 살게 된다. 이렇게 말이다.

"예수 그리스도, 예수 그리스도/ 나는 그분에게서 떠나 있었습니다./ 도망치고, 거부하고 십자가에 못 박히게 했습니다./ 이제 더 이상 나를 당신에게서 떠나게 하지 마옵소서./ 오직 당신만이 복음의 길로 나를 인도할 수 있습니다./ 달콤하고 완전한 버림/ 예수 그리스도와 나의 인도자에 대한 완전한 순종/ 이 땅에서 잠시 고난을 받고 누리는 기쁨/ 주의 말씀을 잊지 아니하리이다. 아멘." **블레즈 파스칼**

은혜가 넘쳐 왕 노릇 하면 더는 죄 가운데 거할 수 없다. 그는 이제 새로운 사람이다(고후 5:17). 이전과는 다른 새로운 삶, 곧 성결한 삶을 살아간다.

넘치는 은혜, 누리는 은혜를 묵상하며 오늘 하루 성결한 삶을 살기를 간구하자.

그럴 수 없다

그럴 수 없느니라 죄에 대하여 죽은 우리가 어찌 그 가운데 더 살리요 (6:2)

하나님의 조건 없는 은혜를 강조하면, 간혹 이런 반응을 하는 사람이 있다. "모든 죄가 용서된다면 죄를 더 지어도 괜찮은 것 아닌가? 죄가 많을수록 은혜도 더 큰 것 아닌가? 지금 죄를 실컷 짓고 나중에 더 큰 은혜를 받자." (1절) 이는 하나님의 은혜를 오도(誤導)하는 것이며 참으로 교묘하고 악한 논리이다.

사도 바울은 '그럴 수 없다'고 말한다. 거듭난 하나님 자녀는 죄 가운데 거할 수 없다. 그는 십자가 속량을 믿음으로, 옛 사람이 십자가와 함께 죽었다. 이제 그 안에 예수 생명이 있다. 그 생명이 언제든 진리로, 의로, 사랑으로 이끈다. 죄의 유혹을 받을 때 견책한다. 죄를 범하면 탄식하며 맘이 심히 괴롭게 한다. 따라서 거듭난 자는 죄 가운데 오래 머물 수 없다(요일 3:9~10). 죄 속에 있는 것이 괴롭기 때문이다.

　　그렇다고 착각해서는 안 된다. 이는 죄를 전혀 짓지 않는 완전한 존재가 된다는 말이 아니다. 죄를 짓더라도 곧바로 회개하여 계속 그 죄 속에 살지 않으며 다시금 생명으로, 거룩으로 나아가는 것이다.

　　"하나님의 역사는 우리를 변화시키고, 새롭게 탄생시킨다. 옛 아담은 죽게 하고, 우리의 마음과 성품과 정신을 전혀 다른 새 사람으로 변화시킴과 동시에 성령으로 힘입혀 주신다. 아, 신앙은 생명적이고 창조적이며 활동적이며 강력하다. 그러므로 우린 끊임없이 선한 일을 행하지 않을 수 없게 된다. 선한 일을 할 것인가 아닌가를 묻는 것이 아니라, 오히려 묻기 이전에 이미 선한 일을 행하고 있으며 또한 언제나 행하게 된다." **마틴 루터**

　　요한일서 3장 9~10절을 묵상하고, 반복하는 죄를 회개하고 돌이켜 생명으로 나아가자.

세례의 은혜

> 무릇 그리스도 예수와 합하여 세례를 받은 우리는 그의 죽으심과
> 합하여 세례를 받은 줄을 알지 못하느냐 **(6:3)**

많은 교회가 일 년에 몇 차례 세례식을 거행한다. 세례
는 세례자가 자신의 신앙을 교회 공동체에 표현하는 공적
신앙고백이다. 동시에 그가 하나님 자녀가 되었음을 세상
에 선포하는 교회의 선언이다. 이런 세례는 형식에 앞서
그 안에 깊은 영적 의미가 있다.

세례는 내가 그리스도의 십자가 죽음에 연합하는 사
건이다. 보통 세례는 당사자를 물에 잠기게 한다. 이는 죽
음을 상징한다. 세례를 통해 죄로 물든 나의 옛 사람이 그
리스도의 십자가와 함께 죽은 것으로 믿고, 고백하는 것
이다. 곧 성령의 역사로 말미암아 그리스도의 죽음에 연
합하게 되는 것이다(고전 12:13).

그리스도와 함께 내가 십자가에 죽었음을 믿고, 고백
할 때 다음과 같은 은혜가 주어진다. ① 곧바로 허물과 죄
에서 벗어난다. ② 내 안에 그리스도께서 거하심을 깨달

는다. ③ 더는 죄의 노예로 살지 않는다. ④ 그리스도와 함께 부활의 은혜에 참여한다. ⑤ 그리스도 안에서 평안과 자유와 담대함을 누린다. ⑥ 세상에서 빛의 자녀로 성결한 삶을 산다.

이 은혜를 언제나 누리고자 사도 바울은 "나는 날마다 죽노라"(고전 15:31)라고 고백했다. 그렇다면 나는 오늘 그리스도의 죽음에 연합되어 있는가? 지금 이 순간 그 죽음에 참여하고 있는가? 키리에 엘리이손, 주여 나를 불쌍히 여기소서.

"십자가를 바라볼 때 '나를 위해 십자가에 못 박히신 그리스도'라고만 고백하지 말고, 내가 그리스도와 함께 십자가에 못 박혔다고 고백할 수 있어야 한다." **앤드류 머레이**

세례를 통하여 나는 이미 십자가에 죽었음을 인정하고 오늘 하루 은혜를 누리며 살자.

죽어야 산다

그러므로 우리가 그의 죽으심과 합하여 세례를 받음으로 그와 함께 장사되었나니 이는 아버지의 영광으로 말미암아 그리스도를 죽은 자 가운데서 살리심과 같이 우리로 또한 새 생명 가운데서 행하게 하려 함이라 (6:4)

"십자가는 죽음에 대한 상징이다. 십자가는 인간 존재의 돌발적이고 폭력적인 마지막을 상징한다. 로마 시대에 십자가를 지고 가는 사람은 이미 죽음의 길을 가는 사람이다. 그는 다시는 돌아오지 못할 길을 가고 있다. 그 사람의 목숨은 이제 끝났다. 십자가는 조금의 양보도 없고, 수정할 수도 없고, 인정도 없다. (중략) 하나님은 그 사람을 죽여 없애심으로 구원하신다. 그리고 새 생명으로 다시 일으키신다." 데이보드 보이드 롱

기독교는 죽음에서 시작된다. 예수께서 십자가에 죽으심으로 기독교가 시작되었다. 그 죽음으로부터 부활이 일어났고, 재림이 약속됐고, 성령이 강림했고, 교회가 세워졌다. 언제든 기독교 믿음의 시작은 예수 십자가의 죽

음이다. 이를 믿음으로 우리는 의롭다 함을 얻고(롬 3:24) 하나님 자녀가 되어 영생을 산다.

우리의 세례 역시 이 십자가 죽음에서 비롯되었다. 예수께서 십자가에 죽으셨듯이 나 역시 물속에 옛 사람이 장사되고, 예수께서 생명으로 부활하셨듯이 나 역시 새 사람, 곧 하나님의 자녀로 다시 살아나는 것이다. 이제 세례받은 자는 그리스도와 연합되어 거룩한 '새 생명'으로 살 것을 결단한다. 그럼에도 여전히 우리 안에는 죄성이 남아 있기에, 유혹이 찾아올 적마다 다시 '나의 십자가의 죽음'을 믿고 고백해야 한다(갈 5:24).

내 삶에서 십자가에 못 박아야 할 것은 무엇인지 생각하고, 믿음으로 간구하자.

05   종교 생활을 벗어 버리고

> 만일 우리가 그의 죽으심과 같은 모양으로 연합한 자가 되었으면
> 또한 그의 부활과 같은 모양으로 연합한 자도 되리라 (6:5)

    일반적으로 사람들은 기독교를 여러 종교 중 하나로 생각한다. 그러나 기독교와 종교는 하늘과 땅이 다르듯 그렇게 다르다. 기독교는 만들어진 신이 아니라 자존자(自存者)이신 창조주 하나님을 믿는다(출 3:14). 기독교는 나의 소원, 성취, 성공이 아니라 먼저 하나님의 뜻과 나라를 구한다(마 6:33). 기독교는 신을 찾아가는 구도가 아니라 우리를 찾아오신 은혜의 하나님을 믿음으로 구원을 받는다(엡 2:8). 기독교는 교리나 계율에 매이는 것이 아니라 그리스도의 영, 성령 안에서 자유와 풍성을 누린다(고후 3:17). 기독교는 막연한 구원이 아니라 죄 사함의 확신, 의롭다 함의 확신, 하나님 자녀 됨의 확신, 임마누엘의 확신, 기도 응답의 확신, 최종 승리의 확신, 영생 천국의 확신이 있다(롬 8:39).

    이 모든 것의 중심에 예수 십자가와 부활이 있다. 십자

가 속량을 믿음으로 우리는 구원을 받는다. 그 십자가에 내가 죽었음을 믿음으로, 이제 내가 사는 것이 아니라 내 안의 그리스도와 함께 살아감을 믿음으로, 순간순간 주님과 동행하며 친밀한 사귐을 누린다. 이렇듯 주님과 연합된 삶으로 인하여 인생의 고난도 이겨 내며 끝까지 사랑의 삶을 사는 것이다.

"나의 목표는 하나님 자신입니다. 어떤 값을 치르더라도 어떤 길을 가더라도 나의 사랑하는 주님이 나의 목표입니다. 나의 전부입니다." **오스왈드 챔버스**

기독교를 종교로 믿어 온 것은 아닌지 점검하고, 주님과의 친밀한 사귐을 회복하자.

나는 십자가에 죽었다

우리가 알거니와 우리의 옛 사람이 예수와 함께 십자가에 못 박힌 것은 죄의 몸이 죽어 다시는 우리가 죄에게 종 노릇 하지 아니하려 함이니 (6:6)

한 신앙인의 이야기이다. 그는 집안이 부유하고 장래가 촉망되는 엘리트 공무원이다. 그런 그에게 해결할 수 없는 문제가 하나 있었는데 바로 알코올 중독이다. 근무 여건상 술을 안 마실 순 없었다. 그런데 한번 마시면 인사불성이 되고 만다. '나는 술로 망하겠구나.' 술에서 깨어 정신이 들면 한탄했지만, 스스로 어찌할 방도가 없었다.

하루는 그가 교회에 나오게 되었다. 마침 그날 설교 제목이 '나는 십자가에 죽었다'였다(갈 2:20). 그는 말씀을 들은 뒤 믿음으로 고백했다. '주여, 정말 나는 십자가에 죽었습니다. 이제 내 안에 예수님이 계십니다.' 그러자 조금씩 술을 이길 수 있겠다는 믿음이 생겼다.

물론 문제가 단번에 해결된 것은 아니었다. 술의 유혹이 있을 적마다 그는 반복해서 자신이 십자가에 죽었음을 읊조렸다. 나아가 주변 이들에게 담대히 선언했다. "나는 이제 크리스천입니다. 내 안에 예수님이 계시기에 더는 술을 마실 수가 없습니다." 그렇게 그는 알코올 중독에서 해방되었고, 주변 사람들에게 사랑과 인정을 받는 진실한 크리스천이 되었다.

"나는 십자가에 죽었다. 내 안에 그리스도가 사신다."

이 짧은 고백 속에 하나님의 은혜가 가득하다. 그 은혜로 인해 인간의 이성으로는 다 헤아릴 수 없는 신비한 역사가 일어난다. 믿음으로 고백하는 순간 그리스도의 영, 성령의 역사로 말미암아 죄의 종 노릇 하는 데서 벗어나 죄와 저주, 죽음을 능히 이기는 것이다.

오늘 어려운 일, 답답한 일이 있을 적마다 나는 십자가에 죽었음을 반복해서 고백하자.

온전한 자기 자신으로

이는 죽은 자가 죄에서 벗어나 의롭다 하심을 얻었음이라 (6:7)

'나는 누구인가?' 이는 인생을 살아가는 누구나 한 번쯤 던지는 물음이다. 자기 자신을 제대로 아는 것은 무척 중요하다. 오늘날 많은 사람이 잘못된 자기 이해로 스스로 괴로워하고, 이웃도 괴롭힌다. 곧 자기 비하와 자기 교만이다. 놀랍게도 십자가를 믿는 사람은 이 두 가지에서 벗어날 수 있다.

먼저 자기 비하를 극복한다. 예수 십자가 속량을 믿으면 나는 무한히 가치 있는 존재가 된다. 아무리 못나고 초라해 보일지라도 십자가를 믿으면 하나님 아들 예수께서 나를 위하여 죽을 만큼 가치 있는 존재가 된다(요 3:16, 롬 5:8). 우스갯소리로 '예수님 짜리'가 된다.

또 자기 교만도 극복한다. 예수 십자가 속량을 믿으면 나의 죄 된 본성을 깨닫게 된다. 아무리 잘나고 성공했어도 십자가 앞에 서면 나는 죽을 수밖에 없는 죄인일 뿐이다. 본질상 진노의 자녀(엡 2:3)요, 죄인 중의 괴수(딤전

1:15)인 것이다.

참으로 놀랍고 신비하다. 누구든 십자가를 경험하면 바른 자아상을 갖게 된다. 낮아진 열등감은 높여 주고 깨어진 자존감은 온전하게 해 준다. 높아진 교만은 낮춰 주고 무너진 자존심은 치유해 준다. 결국 십자가 은혜 안에서만 사람은 거짓된 존재에서 벗어나 온전한 자기 자신으로 살아갈 수 있다.

"십자가는 진정한 그리스도인을 구분하는 '아주 정밀한
시험 기준치'가 될 수 있다. 성도가 다른 사람과 다른 것
은 그의 모든 사고의 중심과 자랑의 기준이 십자가이며
십자가로 기동하며 사는 것이다(갈 6:14). " **라원기**

십자가로 자기 비하, 자기 교만을 극복하고, 이제
온전한 자기 자신으로 오늘을 살자.

예수를 본받기 전에

만일 우리가 그리스도와 함께 죽었으면 또한 그와 함께 살 줄을 믿노니 **(6:8)**

흔히 기독교 신앙을 예수 배우는 것, 혹은 예수 닮는 것이라고 이야기하곤 한다. 물론 예수를 본받는 것은 매우 중요하다(고전 11:1). 그러나 이는 단지 그리스도의 고상한 성품, 태도 등을 본받자는 것이 아니다. 아니, 애초에 본받을 수가 없다. 죄인 된 인간으로서 하나님의 아들 그리스도를 본받다니 불가한 일이다. 설혹 어느 정도 닮아 보인다고 해도 그것은 어느 종교의 고행과 다를 바 없을 것이다. '예수 본받음'은 그런 종교적 행위와는 전혀 차원이 다른 것이다.

예수를 본받는 것보다 더 중요한 것이 있다. 예수를 믿는 것이다. 십자가의 예수를 나의 주 그리스도요, 살아 계신 하나님으로 믿는 것이다. 나는 십자가에 죽고, 그리스도와 함께 다시 살았음을 믿는 것이다. 이제 내가 사는 것은, 내가 사는 것이 아니다. 내 안에 그리스도가 사심을 믿고, 무엇에든지 그리스도와 함께하는 것이다. 그러면 자연스레 그리스도께 스며들어 그리스도를 닮게 되는 것이다(요 15:4~5).

"기독교는 그리스도를 본받는 종교가 아닙니다. (중략) 그리스도를 본받는다고 절대로 행복해지지 않습니다. 거기서 행복을 찾으려 한다면 가장 깊은 절망에 빠질 것입니다. 기독교는 그런 것이 절대 아닙니다. 그러므로 그 모든 것을 잊고 그리스도를 바라보십시오. 그러면 그분의 흠 없고 완전한 의가 보일 것입니다. 여러분이 그분을 믿으면 그분의 의가 여러분에게 주어지고, 여러분은 그분의 의를 입게 될 것입니다." **마틴 로이드 존스**

예수를 본받기 전에 예수를 믿는지 스스로 돌아보고 더욱 믿음 안에 있기를 기도하자.

아는 믿음

이는 그리스도께서 죽은 자 가운데서 살아나셨으매 다시 죽지 아
니하시고 사망이 다시 그를 주장하지 못할 줄을 앎이로라 (6:9)

우리가 죄 가운데 머물지 않고 은혜가 왕 노릇을 하는 삶을 살기 위해서는 '알아야' 한다. 기독교 신앙에 대한 분명한 지식이 있어야 한다. 곧 성경적 지식이다. 앎이 없는 신앙은 건강할 수 없다. 삶의 작은 풍파에도 흔들리며 무지, 혼돈, 오류, 맹신, 사이비, 이단으로 치닫게 된다.

그렇다면 우리가 알아야 할 기독교 신앙의 핵심은 무엇인가? 바로 '예수 십자가'이다. 십자가는 구원의 중심이요, 원천이다. 성경의 구원 역사는 오직 하나, 십자가로 집중된다. 구약에는 십자가 구원이 예언되어 있다(창 3:15, 시 22:1~2, 14~18). 그 예언대로 예수의 성육신 사건이 이루어졌으니 곧 예수 십자가 속량을 위한 것이다. 십자가는 죄인을 구원하기 위한 하나님의 의(롬 1:17)와 사랑(롬 5:6, 8, 10)이 나타난 것이다.

그뿐 아니라 예수 부활은 십자가 구원을 선포하는 승

리의 사건이다. 성령 강림은 십자가 구원을 증거하는 확증의 사건이고, 그날의 재림은 십자가로 인한 세상 구원을 완성하는 사건이다. 이를 믿는 자에게 교회는 세례를 베푼다. 세례로 인하여 역사적인 십자가 부활 사건이 이제 내 실존 사건, 교회 공동체 사건이 되는 것이다. 이 십자가를 아는 것이 구원이고(고전 1:18), 넘치는 은혜를 누리는 비결이다(롬 5:17).

> "우리에게 그리스도는 바로 그분의 십자가를 의미한다. 천상에서 혹은 지상에서 그리스도께서 어떤 분이셨는가 하는 모든 것이, 십자가에서 그분이 행하신 일 속에 융해되어 있다. (중략) 반복해서 말하지만 우리에게 그리스도는 바로 십자가이다. 당신은 그분의 십자가를 이해할 때까지는 그리스도를 이해하지 못할 것이다." P. T. 포사이드

십자가는 나에게 무엇인지, 십자가에 대한 믿음의 고백을 정리하여 글로 써 보자.

말없이 사랑하라

그가 죽으심은 죄에 대하여 단번에 죽으심이요 그가 살아 계심은
하나님께 대하여 살아 계심이니 (6:10)

"말없이 사랑하라./ 내가 너희를 사랑한 것같이/ 아무
말없이/ 겉으로 자주 드러나지 않게/ 조용히 사랑하라./
사랑이 깊고 참되도록/ 말없이 사랑하여라./ 아무도 모
르게 숨어서 봉사하고/ 눈에 띄지 않게 선한 일을 하
라./ 그리고 침묵하는 법을 배워라./ 말없이 사랑하라./
꾸지람을 듣더라도 변명하지 말고/ 마음을 상하는 이야
기에도 말대꾸하지 말고/ 말없이 사랑하는 법을 배워
라." J. 갈로

사랑은 스스로를 자랑하지 않는다. 떠들썩하게 광고
하지도 않는다. 그저 묵묵히 사랑할 이를 사랑할 뿐이
다. 어떻게 말없이 사랑할 수 있을까? 내 힘으로는 불가
하다. 나는 죽고 내 안에 살아 계시는 그리스도와 함께할
때, 그 구원의 힘으로 말없이 사랑할 수 있다(요일 4:11~12,

16~17). 하나님의 아들 예수께서 말없이 단번에 생명 바쳐 나를 사랑하셨듯이 그렇게. 나를 사랑하사 나를 위하여 자기 자신을 버리신 하나님의 아들을 믿는, 그 믿음으로만 누군가를 말없이 사랑하게 되는 것이다.

말없이 사랑하지 못한 것을 회개하고, 오늘 하루 예수님처럼 누군가를 말없이 사랑하고 섬겨 보자.

여기는 믿음

> 이와 같이 너희도 너희 자신을 죄에 대하여는 죽은 자요 그리스
> 도 예수 안에서 하나님께 대하여는 살아 있는 자로 여길지어다
> **(6:11)**

"거기 너 있었는가 그때에 주님 그 십자가에 달릴 때."

흑인 영가, 찬송 147장

믿음은 십자가를 아는 데서 그치지 않는다. '여기는 믿음'으로 나아가야 한다. 여긴다는 것은 내가 그리스도와 연합되었음을 인정하고, 간주하고, 단정하고, 이제 그 사실을 굳게 붙잡고 사는 것이다. 곧 예수 십자가를 내 사건 내 경험으로 여기는 것이다. 죄와 허물, 옛 자아는 십자가에 죽고 이제 나는 그리스도와 함께 사는 자로 여기는 것이다.

문제는 2천 년 전 유대 땅에서 일어난 십자가 사건을 어떻게 오늘 내 경험으로 여길 수 있느냐는 것이다. 이것은 부활 덕분이다. 부활은 자연적 사건이 아니다. 초월자 하나님께서 직접 이 세계에 개입하여 예수 십자가 죽음에

생명을 준 창조 사건이기에, 부활은 시공간을 넘어서는 초월적 사건이 되었다. 예수 부활이 초월적 사건이기에 그와 연결된 예수 십자가도 시공간을 넘어서는 초월적 사건이 된 것이다.

그리하여 예수께서 십자가에 못 박힐 때 직접 갈보리에 있지 않았더라도, 예수 십자가를 믿으면 시공간을 초월하여 그 사건이 오늘 내 경험, 내 구원이 되는 것이다. 그래서 여기는 믿음이 중요하다. 이 믿음은 그날의 예수 십자가를 오늘 나의 구원 사건이 되게 하는 능력이기 때문이다.

"구원을 확신하는 것은 거만한 태도가 아니다. 그것은 우리의 믿음이다. 교만이 아니라 경건이다. 가정이 아니라 하나님의 약속이다." **성 어거스틴**

예수 십자가 사건을 내 경험, 내 구원으로 여기며 오늘도 감사하고 누리며 살자.

지킬 박사냐, 하이드냐

> 그러므로 너희는 죄가 너희 죽을 몸을 지배하지 못하게 하여 몸
> 의 사욕에 순종하지 말고 (6:12)

영국의 소설가 스티븐슨의 『지킬 박사와 하이드』에는 학식이 높고 인격이 훌륭한 지킬 박사가 나온다. 그는 인간의 몸에 선과 악의 이중성이 있고 이를 분리할 수 있다고 생각했는데, 마침 그것을 분리할 수 있는 약을 만든다. 그 약을 마시자 정말로 그의 인격은 선인 지킬 박사와 악인 하이드로 나누어진다. 그는 낮에 선행을 베풀고, 밤에는 하이드가 되어 범죄를 저지른다. 점차 하이드의 악한 인격이 지킬 박사를 지배한다. 그는 자신의 사악한 면을 통제할 수 없다는 사실을 뒤늦게 깨닫는다. 결국은 살인을 저지르고 체포되기 직전 자살하며 모든 사실을 유서로 고백한다.

인간에게는 어둠에 이끌리는 '나'가 있다. 거기에 지배되어 참된 나로 살지 못하고, 계속 죄에 매여 산다. 마음뿐 아니라, 감정과 행동까지 어둠에 매여 사는 것이 인간이

다. 그러나 믿음으로 사는 자는 다르다. 그는 그리스도와 함께하며 더 이상 죄의 지배를 받지 않는다. 어떻게 '몸의 사욕'을 이기며 승리하는 자녀로 살 수 있는가? ① 어둠의 환경에 거하지 말라(삿 16:1). ② 유혹의 자리는 얼른 피하라(창 39:12). ③ 죄를 범했을 때 즉각 회개하라(엡 4:26). ④ 어디서든 크리스천임을 선언하라(막 14:54). ⑤ 육신의 편안보다는 전인적 강건을 구하라(사 40:31). 즉 죄지을 기회를 미리 피하고, 더욱 주님을 굳게 붙들어야 한다.

"아직은 어두움이 사람들을 죄와 불행으로 몰고 갑니다. 그러나 이제, 하나님의 빛 그리스도가 임하셨습니다. 그리스도는 우리에게 영존하시는 빛으로 빛나고, 어두움이 더는 우리를 지배하지 못합니다. 하나님의 임하심으로 우리에게 구원이 도래했습니다." **요헨 클렙퍼**

주어진 성구들을 찾아서 묵상하고 오늘도 죄의 지배에서 벗어나 주님과 함께 승리하자.

드리는 믿음

또한 너희 지체를 불의의 무기로 죄에게 내주지 말고 오직 너희
자신을 죽은 자 가운데서 다시 살아난 자 같이 하나님께 드리며
너희 지체를 의의 무기로 하나님께 드리라 (6:13)

믿음을 끝까지 지키고, 인생에서 승리하기 위해서는
3중 믿음이 있어야 한다. 먼저 아는 믿음, 예수 십자가와
부활과 세례에 대한 성경적 지식이 있어야 한다(9절). 또
한 여기는 믿음, 십자가와 부활과 세례를 내 경험, 내 구
원으로 여겨야 한다(11절).

이렇게 믿음의 내용을 알고 여기게 되면, 이는 곧 행동
으로 드러나게 된다. 주님의 뜻대로 살고자 나 자신을 하
나님께 드리는 것이다. 나의 지체, 손발뿐만 아니라 내가
가진 힘과 능력, 열정, 지성, 감성, 의지 등 전부를 하나님
께 드리는 것이다. 이렇게 나를 하나님께 '의의 무기'로 드
리면 더는 죄 가운데 거하지 않고, 자유와 승리를 누리게
된다.

"오, 하나님, 제 생명을 주님께서 원하시는 대로 사용하

여 주소서. 저의 은사와 능력을 다른 사람을 위해 쓰게 하심으로 남을 행복하게 하고 세상을 유익하게 하소서. 제가 가진 물질로 저 자신을 위한 이기적인 목적이 아닌 남을 돕는 일에 후히 쓰게 하소서. 제 시간을 선한 일에만 지혜롭게 쓰도록 도와주소서. 이기적이고 육체적인 쾌락을 위해 쓰지 않고 남을 위해 사용케 하소서." **윌리엄 바클레이**

'나의 생명 드리니'(찬송 213장)를 부르며 오늘 하루 나 자신을 하나님께 온전히 드리자.

믿음의 날개를 달고

> 죄가 너희를 주장하지 못하리니 이는 너희가 법 아래에 있지 아
> 니하고 은혜 아래에 있음이라 그런즉 어찌하리요 우리가 법 아래
> 에 있지 아니하고 은혜 아래에 있으니 죄를 지으리요 그럴 수 없
> 느니라 (6:14~15)

성 어거스틴의 일화다. 어둠 속에서 살던 그는 예수님
을 구주로 영접하고 새 사람이 되었다. 그 후 길을 가다가
방탕한 시절에 어울렸던 한 여인을 만났다. 그가 못 본 척
지나가자 여인이 쫓아오며 추근댔다. "어거스틴, 저예요.
어쩜 그렇게 모른 척할 수 있어요?" 그러자 그가 단호하게
답한다. "너는 너지만, 이제 나는 이전의 내가 아니다."

믿음으로 산다는 것이 이러하다. 믿음은 십자가와 부
활, 세례로 내가 그리스도와 연합되었다는 것을 '아는 것'
이다. 그리고 이를 내 구원 사건으로 '여기는 것'이다. 이
제 나는 죽었다. 더 이상 이전의 내가 아니다. 나는 거듭
난 하나님 자녀가 된 것이다.

그뿐 아니라 나는 하나님께 '드려진 것'이다. 그러니
어둠 가운데 거할 수 없다. 내 안에 그리스도께서 성령으

로 거하신다. 이제 나는 자유롭다. 법 아래 있지 않고 은
혜 아래 있다. 그 은혜가 내 인생의 왕 노릇을 한다. 능히
어둠과 죄를 이길 수 있게 한다(롬 8:31, 33~35, 37). 그리하
여 의의 병기로, 그리스도의 종으로, 사도로 존귀하게 쓰
임 받게 되는 것이다.

"믿음의 날개를 달고 살아가십시오. 하나님은 여러분을
추락하지 않게 하십니다. 시간이 흘러가더라도 하나님
께 견고히 매달리십시오. 슬픔과 고난의 계곡을 지나더
라도, 하나님은 다시 새로운 지평을 열어 주십니다. 다
시 나빠지리라고 생각할 때, 하나님은 두려움을 용기로
바꿔 주십니다. 내게 믿음의 날개가 있다는 것을 잊지
마십시오." 테오 레만

앎, 여김, 드림의 3중 믿음을 다시 확인하고, 오늘
하루 믿음의 날개를 펴고 살아가기로 결단하자.

드리고, 또 드리고

> 너희 자신을 종으로 내주어 누구에게 순종하든지 그 순종함을 받는 자의 종이 되는 줄을 너희가 알지 못하느냐 혹은 죄의 종으로 사망에 이르고 혹은 순종의 종으로 의에 이르느니라 (6:16)

승리하는 믿음 생활은 나를 적극적으로 하나님께 드릴 때 가능하다. 이 '드림'은 단번에 끝나는 것이 아니다. 사는 날 동안 계속 반복하여 드리고 또 드리는 것이다. 어둠과 죄의 유혹에 대한 결정적 승리는 드리는 데 있다. 우리의 시간, 소유, 재능, 마음을 드리고 더 드리고, 생명 다하기까지 드리는 것이다.

이렇게 드리는 삶을 '순종'이라고 한다. 그러고 보면 결국 무엇에 순종하는가가 그 인생을 결정한다. 어둠과 죄의 유혹에 순종하면 죄의 종, 불의의 무기가 된다. 그러나 주의 말씀에 순종하면 그리스도의 종, 하나님의 병기가 된다. 오늘 나는 무엇에 순종하고 있는가.

미국의 16대 대통령 링컨은 지독한 우울증 환자였다고 한다. 그런데도 그는 역사상 가장 위대한 지도자로 손꼽힌다. 어떻게 그 우울증을 이겨 냈을까? 그는 자신을 하

나님께 드리고 또 드렸다. 두렵고 절망적인 순간에 어둠
의 소리를 듣지 않고, 하나님께 자신과 주어진 상황을 드
리며 주의 음성을 듣고자 했다. 그렇게 그는 믿음으로 승
리할 수 있었다.

> "게티즈버그 전투가 한창일 때 나는 기도를 하면서 그
> 모든 것이 하나님의 손에 달려 있다고 생각했다. 그랬더
> 니 달콤한 위안이 내 영혼 속으로 흘러 들어왔다." 에이브
> **러햄 링컨**

하나님께 나를 드리기로 결단하고, 더욱 말씀과 기
도로 순종하며 오늘을 살자.

쓰임받음의 절대 조건

하나님께 감사하리로다 너희가 본래 죄의 종이더니 너희에게 전하여 준 바 교훈의 본을 마음으로 순종하여 **(6:17)**

지금은 포스트모더니즘 시대다. 기존의 전통, 질서, 윤리, 권위를 비판 거부하는 탈구조, 탈권위적 세상이다. 이런 때에 순종은 열등한 사람의 유약한 행동으로 여겨지곤 한다. 그러나 이는 순종을 잘못 이해한 것이다. 순종은 삶의 기본 덕목 중 하나다. 순종을 배우지 않으면 쓰임받지 못한다. 아무리 실력과 능력이 출중해도 순종의 미가 없는 사람은 소외된다. 세 가지 이유 때문이다.

하나, 오만 때문이다. 그는 별것 아닌 실력을 대단한 것으로 착각한다. 그것이 사회생활을 원활하지 못하게 하며 불만, 불평 등의 부정적 이미지를 남긴다. 둘, 무지 때문이다. 그는 자신의 능력만을 믿고 배우려 하지 않는다. 결국 자기 한계를 넘어서는 일까지 서슴없이 행하고, 그 무모함으로 위기를 당한다. 셋, 고집 때문이다. 그는 누구의 말도 듣지 않고, 자신만을 고집한다. 교만하고 무례하니 인간관계가 깨어진다. 어려울 때 누구도 도와주지 않고 파멸의 길로 치닫는다.

　순종의 미를 갖춘 자만이 오래도록 존귀하게 쓰임받는다(삼상 15:22, 눅 1:45). 이것이 얼마나 중요한지 하나님의 아들 예수께서도 순종을 몸소 배우셨다(히 5:8). 오늘 하루 하나님의 손에 쓰임받기를 원하는가? 순종은 쓰임받음의 절대 조건이다.

　"오늘 우리 앞에 놓여 있는 일에 순종하지 않고, 미래에 대한 인도를 구한다는 것은 말이 안 된다. 성경의 수없이 많은 구원의 사건들은 다 한 사람의 순종으로 시작되었다. 두려워 말고, 지금 하나님께서 하라고 하신 일을 믿음으로 행하라. 그것을 순종하면 하나님께서는 다음에 무엇을 해야 할지 보여 주신다." 엘리자베스 엘리엇

　지금 나에게 오만, 무지, 고집이 없는지 돌아보고 순종의 사람으로 살 것을 결단하자.

순종의 축복 1 자유

죄로부터 해방되어 의에게 종이 되었느니라 (6:18)

인간의 자유는 네 가지 차원으로 설명할 수 있다. 하나, 유기(遺棄)적 자유이다. 이는 자신의 감정과 욕구대로 하는 일종의 방종으로 동물적인 저차원의 자유이다. 둘, 제한적 자유이다. 결혼, 약혼, 계약 등 관계 안에서 누리는 자유로 이를 벗어나면 또 다른 속박이 있을 뿐이다. 셋, 신념적 자유이다. 우리가 일반적으로 그리는 윤리적 태도로 사랑, 인권, 공의 등을 위하여 자신을 희생함으로 누리는 자유이다. 넷, 신앙적 자유이다. 죄로부터 해방되어 인생의 모든 것에서 누리는 자유이다. 영생을 확신하고, 십자가 사랑이 내 안에 있기에 오늘의 환난, 두려움, 허무, 절망 등을 능히 이기는 완전한 자유이다.

나는 그런 자유를 누리는 한 여인을 안다. 남편은 외도하여 딴 여자와 살고, 그녀는 파출부 일로 근근이 자녀를 키우며 지냈다. 그러던 어느 날 내게 와서 하는 말이 "시골에 계신 시어머님이 병들어 홀로 계시는데 어떡하면 좋겠냐"는 것이었다. 그저 아픈 마음에 기도하고 헤어졌는데, 며칠 후 다시 와서 이렇게 말했다. "기도를 하면 할수록 어머니를 섬기라고 하십니다. 양심이 괴로운 것보다 순종하고 섬기는 게 좋겠습니다." 결국 그녀는 시어머니 계신 곳으로 달려갔다.

이렇듯 신앙인의 삶은 자유를 향한 여행이라 할 수 있다. 유기적 자유를 떠나 제한적 자유로, 그리고 선택의 자유를 지나 신앙의 자유에 이르는 것이다. 이 자유의 여정 가운데 나는 어디쯤 와 있는가?

"그리스도인은 가장 위대한 자유인이다. 세상 무엇에도 매이지 않기 때문이다. 동시는 그는 가장 충성스러운 노예이다. 십자가 사랑의 노예가 되었기 때문이다." **마틴 루터**

언제든 말씀과 성령의 감화에 순종하여 완전한 자유 누리기를 결단하고 기도하자.

순종의 축복 2 거룩

너희 육신이 연약하므로 내가 사람의 예대로 말하노니 전에 너희
가 너희 지체를 부정과 불법에 내주어 불법에 이른 것 같이 이제
는 너희 지체를 의에게 종으로 내주어 거룩함에 이르라 (6:19)

하나님은 우리를 거룩으로 부르셨다. 우리는 십자가
속량을 믿음으로 의롭다 함을 받고 거룩한 자가 되었다.
하나님 자녀가 된 것이다. 믿음으로 인한 '칭의의 거룩'이
다(고전 6:11). 하나님 자녀 안에는 거룩한 영, 성령께서 거
하신다. 그의 마음은 거룩하신 하나님을 갈망하게 되고,
거룩한 삶을 지향하게 된다. 성령에 의한 '성화의 거룩'이
다(롬 15:16). 이제 주의 말씀과 성령의 인도를 받으며 자
신을 하나님께 드리고 또 드린다. 거룩한 산 제물이 되는
것이다. 헌신에 의한 '순종의 거룩'이다(롬 12:1).

왜 하나님은 우리를 거룩으로 계속 부르시는가? ① 거
룩함이 세상의 미혹과 위험에서 나를 지키기 때문이다.
최상의 안전이 거룩이다(단 6:23). ② 거룩함이 평안과 행
복을 주기 때문이다. 거룩으로 두려움과 속박에서 벗어
나게 된다(시 24:3~5). ③ 거룩함이 하나님께 쓰임받는 절

대 조건이기 때문이다. 실력과 능력이 뛰어나도 거룩하지 않으면 쓰임받지 못한다(딤후 2:21). ④ 거룩함이 하나님의 본성이기 때문이다. 거룩함이 없이는 하나님께 나아갈 수 없고, 하나님과의 사귐을 가질 수 없고, 하나님과 함께할 수도 없다(레 11:45, 히 12:14).

흔히 거룩한 삶을 부담스럽게 생각하곤 한다. 그러나 거룩은 부담이 아니다. 거룩함은 받은 바 사랑에 의해 작동되는 믿음의 증거요 자연스러운 반응이다.

"진정한 거룩함의 뿌리는 언제나 성령님께서 재촉하시는 충동이고, 이는 하나님과 예수 그리스도에게 감사하는 마음에서 시작되어, 하나님과 이웃을 위해 옳은 일을 행함으로써 사랑을 보여 주는 단계로 마무리된다." 제임스 패커

나의 삶을 돌아보고 감사와 사랑으로 더욱 거룩한 삶 살기를 기도하자.

순종의 축복 3 영생

너희가 죄의 종이 되었을 때에는 의에 대하여 자유로웠느니라 너
희가 그 때에 무슨 열매를 얻었느냐 이제는 너희가 그 일을 부끄
러워하나니 이는 그 마지막이 사망임이라 그러나 이제는 너희가
죄로부터 해방되고 하나님께 종이 되어 거룩함에 이르는 열매를
맺었으니 그 마지막은 영생이라 (6:20~22)

크리스천에게 주어지는 최종적 선물은 영생이다. 영
생은 인생을 사는 동안 우리에게 소망을 가져다주며 죽음
이후 천국에서 살게 한다. 그 영생의 천국을 일곱 가지로
표현해 본다. ① 천국은 하나님이 다스리시는 영원한 처
소다. ② 하늘에서 내려온 거룩한 성 새 예루살렘이다. ③
하나님 영광의 빛이 해같이 빛나는 찬란한 나라다. ④ 하
나님이 친히 예비한 귀한 보석과 황금 길로 꾸며진 도성
이다. ⑤ 12문, 12천사, 12지파, 12사도의 이름이 있는 영
광의 성이다. ⑥ 생명의 강이 흐르고 생명 나무가 있는 영
원한 만족의 낙원이다. ⑦ 온전히 하나님을 기뻐하고 경
배하는 영원한 예배의 나라이다.

이런 영생의 천국은 일곱 가지가 없다. ① 성전이 없
다. 전능하신 하나님과 어린양이 성전이기 때문이다. ②

해와 달과 밤이 없다. 하나님의 영광이 비추고 어린양이 등불이 되기 때문이다. ③ 속된 것이 없다. 모두가 그리스도의 영광으로 변했기 때문이다. ④ 사망과 질병과 애통이 없다. 처음 것이 다 지나갔기 때문이다. ⑤ 수고와 고생이 없다. 하나님이 친히 모든 눈물을 닦아 주시기 때문이다. ⑥ 가난과 저주가 없다. 생명의 강과 풍성한 열매로 가득한 생명 나무가 있기 때문이다. ⑦ 시간이 없다. 하나님과 함께 세세토록 왕 노릇 하기 때문이다.

이 놀라운 영생의 천국에 누가 들어가는가? 십자가 속량을 믿고 예수를 영접하는 자이다. 죄로부터 해방되어 그리스도의 종으로 거룩하게 사는 자이다. 곧 나는 십자가에 죽고, 날마다 주의 말씀과 성령에 순종하는 자이다.

내게도 영생이 약속되었음을 믿고, 오늘 하루 더욱 믿음으로, 순종으로 살아가자.

하나님의 선물을 누리려면

죄의 삯은 사망이요 하나님의 은사는 그리스도 예수 우리 주 안
에 있는 영생이니라 (6:23)

하나님의 은사는 믿는 자에게 주어지는 선물이요 축
복이다. 우리가 하나님께 순종하면 자유, 거룩, 영생과 같
은 온갖 좋은 은사를 받아 누리게 된다(롬 8:32). 문제는 이
순종이 쉽지 않다는 것이다. 순종의 비결은 두 가지, 사랑
과 믿음에 달려 있다. 순종하려면 먼저 하나님을 사랑해
야 한다. 그리고 전적으로 신뢰해야 한다.

마포 양화진에는 외국인 선교사들의 무덤이 있다. 이
들은 당대에 지성을 갖춘 젊은 엘리트로, 자신의 성공과
행복을 포기하고 기꺼이 어둠의 땅 조선에 왔다. 왜 그랬
을까? 하나님을 사랑하고 신뢰했기 때문이다. 그리하여
하나님의 말씀과 성령의 감화에 순종했기 때문이다. 일제
의 침탈이 시작되는 격동의 시절, 이 땅에서 선교사로 활
동했던 헐버트는 이렇게 말했다.

"나는 웨스트민스터 사원보다 한국 땅에 묻히기를 원
한다."

이것이 바로 하나님을 사랑하고 신뢰하여 자신의 인
생을 드려 순종한, 아니 목숨까지 바쳐 순종한 사람의 고
백이다. 그렇다면 오늘 나에게는 하나님을 향한 이런 순
종의 고백이 있는가?

오늘 하루 하나님의 부르심과 말씀이 무엇인지 생
각하고, 즐겨 순종하자.

자유의 길

형제들아 내가 법 아는 자들에게 말하노니 너희는 그 법이 사람
이 살 동안만 그를 주관하는 줄 알지 못하느냐 남편 있는 여인이
그 남편 생전에는 법으로 그에게 매인 바 되나 만일 그 남편이 죽
으면 남편의 법에서 벗어나느니라 그러므로 만일 그 남편 생전에
다른 남자에게 가면 음녀라 그러나 만일 남편이 죽으면 그 법에
서 자유롭게 되나니 다른 남자에게 갈지라도 음녀가 되지 아니하
느니라 (7:1~3)

"자유에로 가는 길/ 자유롭게 가는 길/ 자유의 길/ 어딘
가 꼭 있는데/ 길 하나는 아니고/ 길 둘도 아니고/ 길이
없는 것도 같으니!/ 길을 새로 닦아야 하고/ 자유에로
가는 길/ 자유롭게 가는 길/ 자유의 길로/ 새로 닦아 가
는 길이니!/ 새로 닦아 가는 길/ 자유롭게/ 자유를 위해/
자유 길!" 강월도

기독교 신앙은 자유의 길이다. 그런데도 많은 크리스
천이 자유를 누리지 못한다. 여전히 세상 관습, 종교 계
율, 악한 습관에 매여 고통 중에 산다. 이에서 벗어나 자
유를 얻는 길은 무엇인가? 이전에 나는 죄, 율법이라는 남

편과 살았다. 이제는 아니다. 그 남편은 십자가에 죽었다. 나의 옛 사람도 죽었다. 이제 나는 그리스도와 함께 산다. 죄와 율법에서 완전히 자유롭게 되었다. 더는 매이지 않는다. 그리스도 새 남편과 함께 살기 때문이다. 완전히 새 사람, 새 질서, 새 가치, 새 세계관으로 산다.

한 여인이 있었다. 그녀에게는 고칠 수 없는 질병이 있었는데, 바로 도벽증이었다. 그로 인해 말로 다 할 수 없는 망신과 고통을 당했다. 정신 치료, 심리 상담 등 별 방법을 다 동원했으나 차도가 없었다. 그러던 차에 예수 신앙을 갖게 되었다. 그 후 도벽 증상이 도질 때마다 그녀는 고백했다. '나는 십자가에 죽었다. 내 안에 그리스도가 사신다.' 그러자 씻은 듯이 도벽증이 사라졌다. 지금은 거기에서 완전히 자유를 누리며 행복한 신앙인으로 산다.

나는 무엇에 매여 사는지 돌아보고 십자가를 의지하며 자유의 길로 나아가자.

하나님이 바라시는 열매

그러므로 내 형제들아 너희도 그리스도의 몸으로 말미암아 율법
에 대하여 죽임을 당하였으니 이는 다른 이 곧 죽은 자 가운데서
살아나신 이에게 가서 우리가 하나님을 위하여 열매를 맺게 하려
함이라 (7:4)

하나님께서는 우리 인생이라는 나무를 통해 열매
를 바라신다. 그런데 대부분의 인생은 열매가 없거나(마
21:18~19), 있어도 나쁜 열매를 맺는다(사 5:2, 4). 그런 나무
는 존재 가치가 없기에 찍혀 불에 던져진다(마 7:19). 이런
저주받은 인생을 하나님께서 긍휼히 여기시고 다시 좋은
열매를 맺을 수 있도록 은혜를 베푸셨다. 곧 십자가 속량
의 은혜이다.

이를 믿음으로 우린 의롭다 함을 받은 성도(聖徒)가 되
었다. 우리 안에 거룩한 변화, 성화가 시작되었다. 이는
영적 사건으로 십자가에 죄와 율법, 나의 옛 사람이 죽은
것이다. 이제 내 안에 그리스도가 사신다. 나는 그리스
도와 함께 순간순간 주의 말씀과 성령의 감화에 순종하
며 산다. 비로소 나라는 나무에 좋은 열매가 맺힌다. 회개

에 합당한 열매(마 3:8), 빛의 열매(엡 5:9), 기도의 열매(요 15:16), 전도의 열매(롬 16:5), 성령의 열매(갈 5:22~24)가 자라기 시작하는 것이다. 이는 내가 아니요, 내 안에 기하는 그리스도께서 나로 하여금 순종으로, 열정으로, 수고로, 인내로 나아가도록 이끄신 것이다.

> "수고의 땀이 맺어 주는/ 기쁨의 열매 (중략) 인내가 낳아 주는/ 웃음의 열매/ 아프고 힘들지 않고/ 열리는 열매는 없다고/ 정말 그렇다고/ 나의 맘을 엿보던/ 고운 바람이 그렇게 일러 줍니다." **이해인**

나의 삶에 하나님이 바라시는 열매가 있는지 살펴 보고, 그 열매를 위해 기도하자.

어마어마한 일

우리가 육신에 있을 때에는 율법으로 말미암는 죄의 정욕이 우리 지체 중에 역사하여 우리로 사망을 위하여 열매를 맺게 하였더니 이제는 우리가 얽매였던 것에 대하여 죽었으므로 율법에서 벗어났으니 이러므로 우리가 영의 새로운 것으로 섬길 것이요 율법 조문의 묵은 것으로 아니할지니라 (7:5~6)

"사람이 온다는 건/ 실은 어마어마한 일이다. 그는/ 그의 과거와/ 현재와/ 그리고/ 그의 미래와 함께 오기 때문이다." 정현종

사람이 온다는 것은 어마어마한 일이다. 단지 육체만이 아니라 그의 인생 전체를 마주하는 일이기 때문이다. 그런데 이와 비교할 수 없는 더 어마어마한 일이 있다. 바로 하나님이 세상에 아기로 오신 것이다. 그 이름이 예수 임마누엘 그리스도이시다. 그가 십자가에 죽으시고 부활하셨다. 믿는 자들을 구원하셨다. 그리고 주의 영으로 함께하신다. 이것은 실로 어마어마한 일이다. 이제 믿음으로 나는 죄와 율법, 사망에 매이지 않고 '영의 새로운 것'으로 산다. 내가 아니라 내 안에 사시는 그리스도의 영,

성령으로 넉넉히 세상을 이기며 사는 것이다(롬 8:14).

4세기 교부 크리소스토무스의 일화이다. 그가 황제 숭배를 거부하고 예수를 그리스도로 고백하다가 제포되었다. 황제가 그를 위협한다. "너를 추방해 버리겠다." "그것은 불가능합니다. 온 세상이 아버지의 집이니 어디로 추방해도 다 내 집입니다." "너의 전 재산을 몰수해 버리겠다." "그것도 불가합니다. 내 재산은 다 하늘에 쌓아 두었기에 뺏을 수 없습니다." "너를 옥에 집어넣어 평생 고생시키다 죽이겠다." "그것도 불가능합니다. 그리스도께서 영원한 친구가 되어 항상 나와 함께하시기 때문입니다."

참 놀라운 고백 아닌가? 과연, 예수 오심은 어마어마한 일이다. 그리고 그분을 믿는 것은 '세상이 감당할 수 없는' 더욱 어마어마 한 일이다(히 11:33~40).

오늘 하루 믿음의 능력으로 살아갈 것을 기도하고,
누구에게든지 가서 나의 신앙을 고백하자.

은혜가 시작되는 은혜

> 그런즉 우리가 무슨 말을 하리요 율법이 죄냐 그럴 수 없느니라
> 율법으로 말미암지 않고는 내가 죄를 알지 못하였으니 곧 율법이
> 탐내지 말라 하지 아니하였더라면 내가 탐심을 알지 못하였으리
> 라 (7:7)

어디선가 에스키모인의 전통 사냥법에 관해 보게 되었다. 그들은 사냥을 위해 날카로운 칼날을 세워 두고, 거기에 약간의 고기와 피를 묻혀 놓는다. 그러면 늑대가 피 냄새를 맡고 와서 핥기 시작한다. 얼어붙은 칼날에 혀의 감각이 무뎌지고, 계속해서 베인다. 그 피 맛에 취한 늑대는 자신의 피인 줄도 모르고 미친 듯이 칼날을 핥는다. 결국 그렇게 죽어 간다.

이는 현대인의 모습이기도 하다. 내가 죄인인 줄도 모르고, 죄 맛에 취해서 계속 죄를 짓다가 결국 죄에 잡혀 죽어 가기 때문이다. 그 처참함이 혹여 나의 모습은 아닌가(엡 4:19)?

사는 길은 하나뿐이다. 감각이 살아나야 한다. 곧 민감하게 죄를 깨닫는 것이다. 사도는 이를 위해 우리에게

율법이 주어진 것이라고 말씀한다. 율법으로 우리는 죄가 무엇인지, 나아가 선한 것이 무엇인지 분별하며 하나님의 뜻을 알게 된다(롬 2:18). 죄를 깨닫는 것은 은혜가 시작되는 은혜이다. 기독교의 모든 은혜는 내가 죄인임을 깨닫고, 십자가 앞에 서는 것으로 다시 시작된다.

> "아, 하나님, 내 속에 깨끗한 마음을 창조하여 주시고 내 속을 견고한 심령으로 새롭게 하여 주십시오." **시 51:10, 새번역**

나는 혹 죄에 대해 둔감한지 살피고, 작은 죄에도 민감하게 회개하는 깨끗한 마음을 구하자.

한 가지 죄라도 지옥이다

> 그러나 죄가 기회를 타서 계명으로 말미암아 내 속에서 온갖 탐심을 이루었나니 이는 율법이 없으면 죄가 죽은 것임이라 전에 율법을 깨닫지 못했을 때에는 내가 살았더니 계명이 이르매 죄는 살아나고 나는 죽었도다 (7:8~9)

이 시대 크리스천의 가장 큰 문제는 죄에 대한 심각성이 없다는 것이다. 말로는 죄인이라고 하지만 피상적 생각일 뿐 내가 왜 죄인이고, 무슨 죄를 짓고 있고, 그 죄가 얼마나 파괴적인지는 알지 못한다. 그러니 쉽게 죄를 용납하고, 은밀히 죄를 짓는다. 또한 성도로서 합당하지 않은 말과 행동을 세상과 교회에서 아무렇지 않게 한다.

죄의 기준은 어디에 있는가? 바로 성경이다. 성경이 죄라고 하면 죄다. 분명 성경은 탐심, 근심, 비판, 분노, 헛맹세, 보복, 음욕, 선을 행치 않는 것, 게으름 등을 죄라고 규정한다. 나도 그렇게 여기고 있는가? 죄의 파급력과 저주는 맹렬하다. 죄는 유혹적이어서 쉽게 빠져든다(창 3:6). 한 번 빠지면 얽매이고 저주와 파멸, 죽음에 이른다.

마약 퇴출 캠페인의 문구가 예사롭지 않다. "출구 없

는 미로, No EXIT, 한 번 시작하면 끝이다." 마약만 그런 게 이니다. 모든 죄가 다 그렇다. 큰 죄, 엄청난 죄를 지어야 지옥 가는 게 아니다. 어떤 죄라도 지으면 파멸이요 지옥이다. 하나의 죄만 있어도 거룩하신 하나님 앞에 설 수 없다. 그러므로 늘 깨어 근신하여 유혹은 피하고, 악은 대적해야 한다. 작은 죄라도 바로 회개해야 한다(살전 5:21~23).

> "유혹당해 죄를 범한 사람들, 또 아직 생각 속에서 죄악 된 일을 은밀히 모색하는 사람들을 은총의 빛으로 나아 오게 하소서. 눈이 멀어 어둠 가운데 있는 사람들에게 빛을 비추소서. 믿음에서 멀어진 사람들을 주께로 가까 이 오게 하소서. 제멋대로 가 버린 사람들을 모으소서. 의심하는 사람들을 굳건히 하소서." **요한 헤어만**

죄의 심각성을 다시 한 번 깨닫고, 한 가지 작은 죄 라도 철저히 회개하자.

원흉은 내 안에 있다

생명에 이르게 할 그 계명이 내게 대하여 도리어 사망에 이르게
하는 것이 되었도다 죄가 기회를 타서 계명으로 말미암아 나를
속이고 그것으로 나를 죽였는지라 (7:10~11)

"오 하나님, 내 마음을 보소서. 내 깊은 곳에서 찾고 있
는 당신께 고백합니다. 내가 뚜렷한 이유 없이 사악한
일을 할 때, 사악한 일을 하도록 한 원인은, 사악함 자
체였습니다. 그것은 더러운 것이었습니다. 나는 그것을
사랑했습니다. 나는 망해 가는 것, 나쁜 짓을 사랑했습
니다. 그 나쁜 짓으로 무엇을 얻기에 사랑한 것이 아니
라, 나쁜 짓 자체를 사랑한 것입니다." 성 어거스틴

어거스틴이 성자로 불리는 것은 그가 완벽해서가 아
니다. 회심 후 철저히 회개했기 때문이다. 그는 어린 시절
배를 도둑질한 것조차 참회한다. 그의 고백처럼 우리 안
에 내재하는 죄가 있다. 이 죄와 율법의 관계는 세 가지로
요약된다.

첫째, 율법은 죄를 드러낸다. 율법은 척도(canon)로서

이를 통해 옳고 그름을 분별하고, 죄의 죄 됨을 알 수 있다(7절). 둘째, 율법은 죄를 도발한다. 율법은 죄인을 자극하여 더 악하게 한다. 아담과 하와가 선악과를 따 먹는 죄를 지었다. 그러자 가책이 왔다. 그들은 두려워 숨었고, 책임을 전가했다. 율법이 더 큰 죄를 짓는 결과를 가져온 것이다. 셋째, 율법은 죄를 심판한다. 죄는 매력적으로 보여서 사람을 속여 죄짓게 한다. 아담과 하와도 속았다. 그러자 율법은 그들은 정죄했다. 그들은 저주를 받고 죽었다. 율법이 그들을 죽인 것이다(10~11절).

율법은 죄를 드러내고, 죄를 도발하고, 죄를 심판한다. 죄인을 죽음에 이르게 한다. 그러면 율법이 악한 것인가? 아니다. 율법이 아니라, 우리 안에 내재하는 죄가 악한 것이다. 원흉은 죄다. 그러면 사는 길은 무엇인가? 율법이 죄를 깨닫게 할 때 즉각 회개하는 것이다(고후 6:1~2).

마음의 가책을 느끼는 것이 있는지 살펴, 미루거나 핑계하지 말고 지금 즉각 회개하자.

참된 회개

> 이로 보건대 율법은 거룩하고 계명도 거룩하고 의로우며 선하도 다 그런즉 선한 것이 내게 사망이 되었느냐 그럴 수 없느니라 오 직 죄가 죄로 드러나기 위하여 선한 그것으로 말미암아 나를 죽 게 만들었으니 이는 계명으로 말미암아 죄로 심히 죄 되게 하려 함이라 (7:12~13)

율법은 거룩하고 의로우며 선하다. 율법은 복된 삶으 로 인도하는 지시봉이요, 죄를 막아서는 차단봉이요, 잘 못했을 때 징계하는 초달봉이다. 문제는 우리가 이에 순 종하지 않고 회개하지 않는 것이다. 또 회개한다고 하면 서 거짓으로 하는 것이다. 기독교 역사에 일어난 악하고 추한 모든 문제는 거짓 회개 때문이다(마 3:7~9). 참된 회 개여야 신자도, 교회도, 나라도 산다. 참된 회개란 무엇인 가? 부흥 운동의 선구자였던 찰스 피니는 이렇게 말한다.

"① 참 회개를 이룰 때에 죄에 대한 견해와 감정의 변화 가 일어난다. 죄는 사라지고 모든 것이 새로워졌다는 것 을 느낄 수 있어야 한다. ② 참 회개를 이루면, 죄를 반 복하는 경향이 사라진다. 죄를 미워하기 때문에 죄를 피하게 된다. 그 죄에 대한 사랑이 남아 있다면 아직 회개하지 않은 죄인이다. ③ 참 회개는 행동의 변화가 일어난다. 회개는 회개를 낳는다. 진정으로 변화되어 과거에 탐닉하던 죄를 다 버렸는가? ④ 참 회개는 죄를 고백함과 동시에 범죄한 일에 대해 보상한다. 어떤 사람에게 해를 끼치고서 그것에 대해 보상하지 않는다면, 진정한 회개가 아니다. ⑤ 참 회개는 성격과 행동이 영원히 변화된다. 이전의 죄악으로 되돌아가지 않는 후회함이 없는 구원에 이른다."

하나님은 우리를 구원하는 사랑의 하나님이실 뿐만 아니라, 심판하는 공의의 하나님이시다(마 7:21). 참된 회개를 하지 않는 자들은 누구나 죽은 뒤 심판의 하나님을 만나게 될 것이다.

참된 회개에 비추어 나의 회개를 점검하고, 진실한 회개의 삶을 살기로 결단하자.

아름다운 열매를 위하여

우리가 율법은 신령한 줄 알거니와 나는 육신에 속하여 죄 아
래에 팔렸도다 내가 행하는 것을 내가 알지 못하노니 곧 내가
원하는 것은 행하지 아니하고 도리어 미워하는 것을 행함이라
(7:14~15)

한 사업가가 암에 걸려 죽음을 앞두고 있었다. 찾아가
보니 숨을 몰아쉬며 무척 괴로워했다. 그러면서도 걱정이
많았다. "하던 사업은 어떻게 해야 하나, 어린 자식은 누
가 키우나." 안타까운 마음에 조심스레 말했다. "그런 걱
정 할 때가 아니에요. 내 영혼, 구원을 걱정하셔야지요."
그는 비로소 하나님 앞에 섰다. "아, 저 이대로 죽으면 천
국 갈 수 없어요. 두려워요. 저를 위해 기도해 주세요."

인간에게는 두 종류의 고민이 있다. 죽음에 이르는 고
민과 생명에 이르는 고민이다. 죽음에 이르는 고민은 더
소유하고 성취하고자 하는 데서 오는 세속적 고민이다.
이는 근심, 불만, 불안, 탐심, 불면으로 이어지고 결국 허
무와 함께 저주와 파멸에 이른다. 반면 생명에 이르는 고
민은 더 인간답게, 더 거룩하게 살고자 하는 데서 오는 궁

극적 고민이다. 이는 의심 → 갈등 → 성찰 → 성숙 → 자유의 단계를 거쳐 마침내 승리와 구원에 이르게 한다.

인생 마지막 시간에 남는 것은 무엇일까? 소유가 아니라 사랑이다. 성공이 아니라 믿음이다. 업적이 아니라 소망이다. 성취가 아니라 가난한 마음이다. 다른 것은 가을 낙엽처럼, 우수수 떨어지고 만다. 이를 진작 깨달아야 했다. 일찍 알았더라면 헛된 일에 인생을 낭비하지 않았을 것이다. 이제라도 홀로 깊이 생각하고, 고민해야 한다. 탄식해야 한다. 그리고 진실하게 하나님을 대면해야 한다.

"그렇습니다, 어머니. 어머니는 비록 배운 것이 없어 똑똑하진 못하였고 알지도 못하였지만, 돌아가실 때 '성도' 의 이름을 얻으셨으니 어머니의 생이야말로 축복받은 삶이었습니다." **최인호**

나의 고민은 무엇인가 점검하고, 궁극적 고민을 품고 기도하며 구원으로 나아가자.

참 자유에 대한 소망

> 만일 내가 원하지 아니하는 그것을 행하면 내가 이로써 율법이
> 선한 것을 시인하노니 이제는 그것을 행하는 자가 내가 아니요
> 내 속에 거하는 죄니라 내 속 곧 내 육신에 선한 것이 거하지 아니
> 하는 줄을 아노니 원함은 내게 있으나 선을 행하는 것은 없노라
> (7:16~18)

영화 〈빠삐용〉은 죄수들의 우정을 그리는 작품이다. 주인공 빠삐용이 '악마의 섬'이라 불리는 감옥에서 탈출하여 이제 막 자유를 얻었다고 외칠 때, 친구 드가는 이런 독백을 한다.

"네가 아무리 탈출에 성공했어도 네 '마음의 감옥'에서
벗어나지 않으면, 너는 여전히 감옥에 있는 거야."

마음의 감옥, 여기서 우리는 자유로운가? 자유와 관계된 세 유형의 크리스천이 있다. 첫째로 율법주의자다. 그는 성경 규율대로 살고자 한다. 그러나 그렇게 살지 못하니 전전긍긍한다. 일례로 자동차 사고가 나면 주일을 지키지 않았거나 십일조를 안 했기 때문이라 여기는 것이다.

둘째로 은혜주의자다. 그는 율법이 신약 시대에 의미를 잃었다고 여긴다. 예수께서 오셔서 자유를 주셨기에 지키지 않아도 된다는 것이다. 주일 성수나 십일조 역시 폐기되었기에 자기 믿음대로 자유롭게 행한다.

셋째로 참 자유자다. 그는 십자가 속량을 믿고 구원받았으니, 모든 것이 은혜요 감사다. 은혜의 눈으로 율법을 보니 거기에 하나님의 의와 사랑이 있다. 그 은혜에 감격하여 주일 성수나 십일조도 사랑과 감사로 즐겨 행한다.

나의 모습은 어떠한가? 율법주의자로 살면 신앙생활이 버겁고, 함부로 남을 판단하며 불행하게 산다. 은혜주의자로 살면 의와 질서가 무너져 혼란스럽고, 성숙과 거룩에 이르지 못한다. 우리는 참 자유자여야 한다. 은혜 안에서 자유를 누리는 것이다. 즉 율법을 넘어 '사랑의 법'을 좇아 즐겨 섬기고 자신을 드리는 것이다(고전 15:10).

나는 세 유형 중 어디에 속하는지 성찰하고, 이제 참 자유자로 살기로 결단하고 행하자.

두 실존 사이에서

> 내가 원하는 바 선은 행하지 아니하고 도리어 원하지 아니하는
> 바 악을 행하는도다 만일 내가 원하지 아니하는 그것을 하면 이
> 를 행하는 자는 내가 아니요 내 속에 거하는 죄니라 그러므로 내
> 가 한 법을 깨달았노니 곧 선을 행하기 원하는 나에게 악이 함께
> 있는 것이로다 (7:19~21)

우린 인간일 뿐이다. 믿는다고 단번에 완벽한 성인(聖人)이 되는 것이 아니다. 여전히 죄성, 연약성, 부패성이 남아 있다. 따라서 내 안에는 두 실존이 공존한다. 육체의 지배를 받는 '육의 사람'과 성령의 지배를 받는 '속사람'이다. 육체의 지배를 받으면 원치 않는 바 죄를 행하게 되고, 성령의 지배를 받으면 선을 행하게 된다. 문제는 은혜가 희미해지면 어느새 육의 사람이 살아난다는 것이다. 이때 내 안에 심각한 갈등과 고민, 탄식이 생겨난다.

자그마한 왼쪽 다리 하나뿐, 양팔이 없는 한 여성이 있다. 팔과 손이 없어 좌절할 것 같지만 그녀는 말한다. "난 팔과 손이 없어서 반지나 장갑을 잃어버릴 염려가 없어요." 가스펠 가수 레나 마리아의 위트 있는 멘트다.

큰 장애 가운데 어떻게 이런 여유가 가능한 것인가?

그 삶이 영의 지배를 받기 때문이다. 육의 사람이 살아나서 불안, 우울, 낙심으로 몰아갈 때, 얼른 믿음으로 '키리에 엘레이손, 나는 십자가에 죽었다. 내 안에 그리스도가 사신다'라고 고백하면 성령의 지배를 받게 된다. 그러면 넘치는 은혜로 인해 속사람이 강건하게 되어 죄와 약함을 이기게 된다.

> "예수님. 나는 연약합니다. 힘겨워합니다. 부족합니다. 주님께 제 마음과 영혼을 바칩니다. 온전히 드리고, 당신 손 위에 내 인생을 올려놓습니다. 뜻대로 사용하소서." 레나 마리아

두 실존의 싸움에서 이긴 경험을 생각하고, 나의 간증을 글로 적으며 감사하자.

역설적 구원의 증거

> 내 속사람으로는 하나님의 법을 즐거워하되 내 지체 속에서 한
> 다른 법이 내 마음의 법과 싸워 내 지체 속에 있는 죄의 법으로 나
> 를 사로잡는 것을 보는도다 (7:22~23)

세상 사람들은 자신이 지은 죄에 대해 별로 개의치 않
는다. 후회하거나 죄가 탄로 날까 봐 두려워할 수는 있다.
그러나 죄지은 그 자체로 인해 근심하지 않는다. 그러나
거듭난 크리스천은 다르다. 작은 죄에도 민감하게 반응한
다. 죄로 인해 가슴앓이하고, 눈물 흘리고, 고통에 잠 못
이루며 탄식한다(시 6:2, 6). 성령께서 내 속사람을 거룩으
로 이끄시기 때문이다.

역설적이게도 이 탄식은 '생명으로 나아가는 탄식'이
다(고후 7:10). 죄로 인한 탄식이 나에게 있는가? 만약 없다
면 아직 거듭나지 않았거나, 영혼이 죽은 것이다. 가난한
심령(마 5:3)과 애통하는 심령(마 5:4)을 가진 사람은 죄로
인해 탄식한다. 죄를 자백하고 슬퍼한다. 자신이 죽을 수
밖에 없는 비천한 자임을 안다. 주의 은혜가 아니면 살 수
없음을 고백한다. 그는 자신을 자랑하지 않는다. 자신을

낮춘다. 긍휼로 이웃을 대하고 섬긴다. 이렇듯 죄에 대한
탄식은 영혼이 살아 있다는 증거요, 구원받았다는 확실한
표징이다.

"내 형제여, 내 마음이 굳어 있다는 것을 모르는 사람만
이 그 마음이 굳어진 것이고, 그 마음이 완악한지 모르
는 사람이 완악한 것이지, 당신처럼 죄로 인해 근심하고
탄식하는 사람은 아직 그 영혼이 살아 있고, 하나님을
갈망하는 것입니다." **성 버나드**

내 안에 죄로 인한 탄식이 있는지 돌아보고, 오늘
하루 거룩하게 살기를 구하자.

6

초하의 정열

6월

햇살이 지나가는 초하(初夏)

그분이 마냥 기다려진다.

빨간 정열이 풍기는

은은한 향 내음과 함께 다가오는

갈보리 언덕의 진한 그 사랑이

숱한 세월이 흘러서도

오늘 내 안에 희망을 낳는다.

오호라 나는 곤고한 사람이로다 이 사망의
몸에서 누가 나를 건져내랴(롬 7:24)

♥ 빈 의자는 나와 함께하시는 그리스도를 뜻한다.

회복 탄력성

> 오호라 나는 곤고한 사람이로다 이 사망의 몸에서 누가 나를 건
> 져내랴 우리 주 예수 그리스도로 말미암아 하나님께 감사하리로
> 다 그런즉 내 자신이 마음으로는 하나님의 법을 육신으로는 죄의
> 법을 섬기노라 (7:24~25)

사도 바울은 지금껏 죄에 대해 깊이 근심하고 탄식해
왔다. 그런데 갑자기 '감사하리로다'라고 크게 환호한다.
도대체 어떻게 된 것인가? 감정의 병리 현상이 일어난 것
인가? 아니다. 이것이 믿음의 위대함이다. 기독교 신앙은
본래 기쁨과 감사로 가득하다(살전 5:16~18). 잠시 근심하
다가도 금방 감사가 회복된다(렘 31:13, 빌 4:4).

오히려 고민과 탄식에 오래 매여 있는 것이 불신앙이
다. 왜 그런가? 십자가 때문이다. 죄성과 연약성으로 탄식
하다가도 십자가 은혜만 생각하면 성령으로 인한 구원의
능력이 내 안에 일어나 평안으로 이끈다. 은혜가 홍수처
럼 근심과 절망을 덮쳐서 감사로 넘치게 되는 것이다(롬
5:20~21). 이것이 믿음의 '회복 탄력성'이다. 실수나 죄뿐
아니라 시련과 역경에서도 마치 오뚝이처럼, 다시 일어서

게 한다. 이 회복 탄력성이 좋은 사람이 강건한 사람이고, 세상을 이기는 믿음의 사람이다(사 40:28~31, 엡 3:16).

일제 강점기, 신사 참배를 거부하다 체포된 손양원 목사의 일화이다. 그가 감옥에 갇힌 후 만기 출소 직전, 하루아침에 석방이 취소되고 도리어 무기형이 선고되었다. 그날 그가 남긴 고백은 믿음으로 사는 자가 어떠해야 하는지를 아주 잘 보여 준다.

"본가를 멀리 떠나 옥중에 들어오니/ 깊은 밤 깊은 옥에 깊은 시름도 가득하고/ 밤도 깊고 옥도 깊고 사람의 시름도 깊으나/ 주와 더불어 동거하니 항상 기쁨이 충만하도다./ 옥중 고생 4년도 많고 많은 날이나/ 주와 더불어 즐거워하니 하루와 같구나./ 지난 4년 평안히 지켜 주신 주님/ 내일도 확신하네. 여전한 주님." 손양원

내게 믿음으로 인한 회복 탄력성이 있는지 돌아보고 주 안에서 강건하게 살기를 구하자.

가장 빛나는 복음

그러므로 이제 그리스도 예수 안에 있는 자에게는 결코 정죄함이
없나니 이는 그리스도 예수 안에 있는 생명의 성령의 법이 죄와
사망의 법에서 너를 해방하였음이라 (8:1~2)

"성경이 다이아몬드 반지라고 한다면, 로마서는 다이아
몬드 보석이고, 8장은 다이아몬드의 가장 빛나는 끝부
분이다." **필립 야콥 스페너**

성경 66권 중 중요하지 않은 책이 없다. 한 단어 한 문
장이 다 하나님 말씀이다. 그런데도 로마서가 더욱 귀중
한 것은 '순수한 복음'이기 때문이다. 로마서 한 권으로 예
수 복음을 온전히 이해할 수 있다. 그중에서도 로마서 8
장이 더욱 빛나는 것은 '구원을 주시는 복음의 능력'을 성
령으로 말미암아 실제로 경험할 수 있기 때문이다.

나 역시 인생의 어려움이 닥칠 때마다 로마서 8장을
소리 내어 읽는다. 믿음이 약해질 때, 하나님 사랑이 흔들
릴 때, 기도 응답이 없을 때, 마음이 우울하고 기력이 없
을 때, 염려와 근심이 덮칠 때, 외롭고 고독할 때, 죄의식

에 빠졌을 때, 자신감과 용기가 없을 때, 어찌해야 할지
몰라 방황할 때, 낙심하고 좌절할 때, '이제 다 끝났다'며
포기하고 싶을 때, 그 어느 때라도 이 말씀을 큰 소리로
읽노라면 어느새 구원을 주시는 하나님의 능력을 경험하
곤 한다. 그러므로 나 역시 이렇게 고백할 수 있다.

"로마서 8장은 내 모든 문제에 대한 전천후 해답이요,
승리의 비법이다. 어떤 상황에서든 소리 내어 읽기만 하
면 언제든 나를 다시 살리는 구원의 말씀이다. 이 말씀
은 한 번도 나를 어려움에 버려둔 적이 없다. 거기서 나
를 해방하였다."

로마서 8장을 소리 내어 읽거나 암송해 보고, 어떤
은혜가 있었는지 글로 적어 보자.

구원의 길, 믿음의 길

그러므로 이제 그리스도 예수 안에 있는 자에게는 결코 정죄함이 없나니 이는 그리스도 예수 안에 있는 생명의 성령의 법이 죄와 사망의 법에서 너를 해방하였음이라 (8:1~2)

보름스 종교 재판(1521) 이후, 마틴 루터가 바르트부르크 성에 숨어서 라틴어 성경을 독일어로 번역하고 있을 때였다. 사탄이 그에게 와서 두루마리 하나를 펼쳐 보였다. 거기에는 루터가 어려서부터 지은 모든 죄목이 깨알같이 적혀 있었다. "너 같은 죄인이 무슨 종교개혁을 하겠느냐? 너는 위선자다. 너는 안 된다."

그 말이 사실인지라 루터는 좌절하여 낙담할 수밖에 없었다. 그런데 순간 로마서 8장 1~2절 말씀이 생각났다. 그는 사탄을 향해 잉크병을 집어 던지며 외쳤다. "그래. 나는 죄인이다. 나는 자격이 없다. 그러나 나는 그리스도 안에 있기에 결코 정죄함이 없다. 그리스도 안에 있는 생명의 성령의 법이 죄와 사망의 법에서 나를 해방하였다." 이후 루터는 믿음과 성령이 충만하여 10개월 만에 성경 번역을 마치게 된다.

로마서는 7장까지 두 부분으로 나눈다. 먼저 죄인 된 인간이 어떻게 구원을 얻을 수 있는가, 곧 구원의 길(1~4장)을 다룬다. 오직 예수 십자가 속량을 믿음으로 의롭다 함을 얻는다(롬 3:24). 다음은 구원받은 성도가 어떻게 구원을 유지할 수 있는가, 곧 믿음의 길(5~7장)을 다룬다. 이는 '믿음의 자의식'을 확인하는 것이다. 믿음의 자의식이란, 넘치는 하나님의 사랑을 깨닫고 왕같이 누리는 것이다(5장). 십자가에 나는 죽고, 그리스도와 연합되어 나를 의의 병기로 드리는 것이다(6장). 인간 실존을 깨닫고, '오호라' 탄식하며 더욱 하나님께 나가는 것이다(7장).

루터는 로마서가 제시하는 구원의 길, 믿음의 길을 그대로 믿고 순종했기에 정죄함 없이 죄와 사망의 법에서 해방되어 승리할 수 있었다. 구원과 믿음의 길은 오늘도 동일하다. 그 길은 우리에게도 열려 있다.

로마서가 제시하는 구원과 믿음의 길을 다시 확인하고, 그대로 승리의 길로 나아가자.

거룩함에 이르는 길

율법이 육신으로 말미암아 연약하여 할 수 없는 그것을 하나님
은 하시나니 곧 죄로 말미암아 자기 아들을 죄 있는 육신의 모양
으로 보내어 육신에 죄를 정하사 육신을 따르지 않고 그 영을 따
라 행하는 우리에게 율법의 요구가 이루어지게 하려 하심이니라
(8:3~4)

과연 우리는 죄에서 해방되어 거룩하게 살 수 있는가?
거룩함은 하나님의 약속이다. 정욕과 더러운 것을 피하는
것이고, 신의 성품에 참여하는 것이다(벧후 1:4). 곧 그리
스도를 닮는 것이다. 이는 화평함과 거룩함으로 나타난다
(히 12:14). 당연히 육신으로는 불가한 일이다. 그러나 하
나님이 이를 행하셨다. 우리는 어떻게 거룩함에 이를 수
있는가?

첫째, '칭의'이다. 십자가 속량을 믿음으로 의롭다 함
을 얻은 거룩한 존재가 된 것이다(히 10:10). 곧 거듭난 크
리스천이다(요 3:3, 5). 그러나 우리는 여전히 죄와의 싸움
에서 갈등하고 탄식한다(롬 7:22~24). 이것이 성화(거룩함)
의 시작이다.

둘째, '성결'이다. 칭의 이후에 나타나는 성령의 강한

체험으로(행 9:17~18), 죄의 지배에서 벗어나는 능력을 덧입는 것이다. 곧 성령 세례이다(행 1:5). 죄를 이기고, 성결한 삶을 살 수 있는 능력을 힘입는다고 하여 '성결의 체험'이라고도 한다.

셋째, '경건'이다. 성결의 은혜를 체험했다고 해서 그냥 거룩이 유지되는 것이 아니다. 날마다 나는 죽고 내 안에 사시는 그리스도와 함께 말씀과 기도로 성령의 인도 따라 살아야 한다(딤전 4:15). 이것이 성령 충만이고, 신의 성품에 참여하는 것이고, 성령의 열매이고, 그리스도를 닮는 것이다. 이 모든 것은 오직 '믿음' 안에서 하나님이 하시는 일이다.

나의 거룩은 어떤 모양인지 돌아보고, 더욱 믿음으로 거룩한 삶을 살자.

그럼에도 나는 행복합니다

> 육신을 따르는 자는 육신의 일을, 영을 따르는 자는 영의 일을 생각하나니 육신의 생각은 사망이요 영의 생각은 생명과 평안이니라 (8:5~6)

요즘 사람들이 자주 하는 말이 '어렵다, 힘들다, 안 된다, 죽겠다'이다. 왜 이렇게 살기 힘겨운가? 그 일을 감당할 능력이 없기 때문이다. 아무리 쉬운 일도 내게 감당할 능력이 없으면 어려운 것이고, 아무리 어려운 일도 감당할 능력이 있으면 쉬운 일이 된다. 어떤 시련과 환난도 감당할 능력만 있으면 문제 될 것이 없다.

예수께서는 힘겹게 살아갈 제자들에게 세상 끝 날까지 함께하며, 세상을 이길 능력을 주겠다고 약속하셨다. 곧 '성령'을 보내신다는 것이다(요 14:12~18). 성령은 누구신가? 성부 성자 성령 삼위일체 하나님으로, 우리 삶에 역사하는 하나님이시다. 그래서 성령을 여호와의 영, 하나님의 영, 그리스도의 영, 양자의 영, 생명의 영, 진리의 영, 성결의 영, 능력의 영 등으로 다양하게 표현한다.

무엇보다 성령은 '보혜사(파라클레토스: 옆에서 함께하는 자)'이시다. 그리스도께서 세상에 계실 때 제자들을 옆에서 가르치고 보호하고 인도하신 것처럼, 그렇게 세상 끝날까지 함께하시는 그리스도의 영이시다. 이 성령의 사역을 성경에서 가장 잘 소개하는 곳이 로마서 8장이다. 그래서 흔히 로마서 8장을 '성령 장'이라고 부른다(성령 21회 언급). 우리가 성령님을 갈망하고 성령님과 친밀하고 성령님께 인도받으면, 육신의 생각을 이기고 생명과 평안을 누리며 어떤 문제도 능히 이겨 낼 수 있다.

"하루 중 힘겨울 때, 나는 한순간 모든 것을 중단합니다. 눈을 막고 귀를 막고 십자가에 집중합니다. 성령님이 나와 함께 계신다는 사실을 느낍니다. 그러면 한순간에 행복에 젖습니다. 나 혼자가 아니라, 주님이 계십니다. 나의 하나님! 주님이 내 한가운데 계십니다." **크리스타 바이스**

로마서 8장 전체를 읽으며 성령을 가리키는 단어에 줄을 긋고, 성령님께 은혜를 구하자.

06 교회 안에 있는 늙은 아이들

> 육신의 생각은 하나님과 원수가 되나니 이는 하나님의 법에 굴복
> 하지 아니할 뿐 아니라 할 수도 없음이라 육신에 있는 자들은 하
> 나님을 기쁘시게 할 수 없느니라 (8:7~8)

바울은 크리스천을 두 부류로 나눈다. 육에 속한 크리스천과 영에 속한 크리스천이다. 육에 속한 크리스천은 그리스도를 믿는다고 하지만, 여전히 내가 나의 주인이다. 육신의 생각이 그를 지배하기에 죄와 사망의 법 가운데 산다. 그의 생각은 사망이다. 그의 행실은 어린아이처럼 나 중심적으로 육체의 욕심을 따라 산다. 그의 삶은 '육체의 일'로 가득하다(고전 3:1~3, 갈 5:19~21).

영에 속한 크리스천은 다르다. 그는 성령의 지배를 받고, 매사에 인도를 받는다. 영에 속한 크리스천의 삶을 세 가지로 정리할 수 있다. 하나, 죄로부터 자유롭게 된다(1~2절). 성령을 통해 사람의 힘으로 해결할 수 없는 죄의 문제, 곧 악한 습관, 죄의식, 죄의 저주로부터 해방된다. 둘, 생명과 평안을 누린다(6절). 성령이 임하시면 그리스도의 마음이 생겨 생명과 평안을 누린다. 셋, 하나님을 기

쁘시게 한다(8절). 성령과 동행하면 생각이 하나님을 기쁘시게 하는 데 집중된다. 그것이 예배와 선교이다.

나는 둘 중 어떤 크리스천인가? 불행하게도 교회 안에 육에 속한 크리스천이 참 많다. 육에 속한 크리스천에서 영에 속한 크리스천이 되는 것은 어렵지 않다. 결국 그의 생각과 믿음에 달려 있다.

"당신은 주님을 믿은 지 몇 년이나 되었는가? 영에 속한 자가 되었는가? 결코 성령을 근심케 하고, 자신에게 손실을 주는 늙은 갓난아이로 남아 있지 말라. 거듭난 자는 마땅히 가장 짧은 시간 내에 영에 속한 자로 들어서야 한다. 온전히 영에 속한 생명을 사모하고, 범사에 성령으로 주관하시게 하라. 계속 자라지 않고 헛되이 시간을 낭비하지 말라." **워치만 리**

성령님과 함께 날마다 믿음이 자라고 성숙해 가는 크리스천이 되기를 구하자.

신자 안에 거하시는 성령

> 만일 너희 속에 하나님의 영이 거하시면 너희가 육신에 있지 아니하고 영에 있나니 누구든지 그리스도의 영이 없으면 그리스도의 사람이 아니라 (8:9)

한 젊은이가 길을 가다가 호두과자를 샀다. 집에 와서 하나를 먹으니, 호두과자 안에 호두가 안 들어 있다. 그는 상인에게 가서 따졌다. "호두과자 안에 호두가 없어요?" 상인은 당연한 듯 말했다. "요즘 어디 붕어빵 속에 붕어 들어 있고, 국화빵 속에 국화 들어 있나요? 그냥 호두과자라는 이름이지!" 호두과자 안에 호두가 없다는 것은 아쉬운 일이나, 큰 문제는 아니다. 그러나 크리스천에게 성령이 없으면 이는 큰 문제이다. 그가 구원을 얻지 못한 자이기 때문이다.

바울은 예수를 믿는 자 안에 반드시 성령님이 거하신다고 말씀한다. 여기서 '거하다'라는 것은 잠시 머무는 것이 아니라, 함께 사는 것이다. 곧 영원한 동거, 세상 끝 날까지 항상 함께하신다는 것이다(요 14:16). 성령님은 우리 안에 거하시며 회개하게 하시고, 믿게 하시고, 의롭게 하시고, 거듭나게 하시고, 자녀 되게 하시고, 성결하게 하시고, 충만하게 하시고, 인내하게 하시고, 승리하게 하시고, 마침내 완전한 구원에 이르게 하신다. 곧 구원의 여정인 예지, 예정, 소명, 칭의, 성화, 영화의 전 과정에 역사하신다. 성령이 아니고서는 구원의 여정에 참여할 수도 없고, 구원을 받을 수도 없다. 그러므로 우리는 내 안에 성령님 거하심을 알고, 기뻐하고, 감사하며 인도를 받아야 한다.

"빛의 영이여, 당신의 진리로 우리를 비추소서. 침묵의 영이여, 우리가 하나님의 현존을 의식하게 하소서. 용기의 영이여, 우리 마음에서 불안을 몰아내소서. 기쁨의 영이여, 우리에게 날개를 달아 복음을 전하게 하소서."
헹그라브 공동체 기도서

내 안에 성령님이 계신지 돌아보고, 성령님과 친밀한 대화를 나누며 성령 찬양을 부르자.

산 크리스천으로

또 그리스도께서 너희 안에 계시면 몸은 죄로 말미암아 죽은 것이나 영은 의로 말미암아 살아 있는 것이니라 (8:10)

"한줄의 글을 쓰고 나면/ 나는 다른 땅을 밟고 있었다./ 내가 낯설었다./ 낯선 내 얼굴이/ 나는 좋았다./ 그가 나를 보며/ 나직이 말했다./ 살아보라." **김용택**

'한줄'의 글을 쓰는 시인도 자신이 쓴 대로 살고 싶어 한다. 크리스천 역시 마찬가지다. 그는 믿음대로 살고자 한다. '사람다운 삶'을 위해 갈등하며 고민한다. 사람다운 삶이란 마음이 정결하고, 무엇에 매이지 않고 자유하며, 이웃을 사랑하고, 나만의 사명의 길을 가는 것이다. 곧 하나님께서 본래 사람에게 뜻하신 삶이다. 하지만 그렇게 살 수 없음에 늘 갈등하며 고민한다.

감사하게도 우리의 연약함과 한계성을 돕는 분이 계신다. 그리스도의 영, 성령이시다. 성령이 우리 안에 거하시면 죄에 대해선 죽고, 의에 대해서는 살아난다. 곧 산 크리스천이 된다. 그에게는 세 가지 특징이 있다.

하나, 무엇에든지 신앙고백을 한다. 일상의 일들인 식사, 업무, 교제, 소비, 실수 등에서 '예수는 그리스도 주'이심을 고백하며 산다(벧전 4:11). 둘, 죄에 대해서 민감하게 반응한다. 의도적으로 죄를 도모하지 않는 것은 물론이고, 연약성과 실수로 인한 죄에도 마음의 가책을 느껴 즉시 용서를 구하고 회개한다(행 2:37~38). 셋, 말씀 묵상과 기도로 성령의 인도를 받는다. 매일 말씀을 묵상하고, 쉬지 않고 기도하며 성령의 감화에 순종한다(행 8:26, 29). 그리하여 성령으로 인간의 한계성을 이기고 정결, 자유, 사랑, 사명의 길로 담대히 나가는 것이다.

나는 산 크리스천인지 돌아보고, 이제 하루하루 순간순간 믿음대로 살기를 결단하자.

살리시는 창조의 영

> 예수를 죽은 자 가운데서 살리신 이의 영이 너희 안에 거하시면
> 그리스도 예수를 죽은 자 가운데서 살리신 이가 너희 안에 거하
> 시는 그의 영으로 말미암아 너희 죽을 몸도 살리시리라 (8:11)

성령은 '살리시는 창조의 영'이다. 그분은 십자가 죽음
으로부터 예수를 살리셔서 모든 입으로 주(主)라 시인하
게 하셨다. 또한 예수를 살리신 성령께서 죽음의 골짜기
에 버려진 마른 뼈(겔 37:1~10) 같은 자들을 살려 지극히 큰
군대인 '성도'로 삼으셨다. 성령은 죄로 인해 죽은 자에게
예수 십자가 속량을 믿고, 그리스도 주로 영접하게 하시
어 그리스도의 몸인 교회를 세운다. 성도와 교회 안에 성
령이 거하신다. 성령이 거하시면,

① 생각이 바뀐다. 전에는 욕망 근심 불안의 생각으로
가득했으나 이제는 생명과 평안, 곧 영의 생각을 한다(롬
8:6, 빌 4:6~9). ② 마음이 바뀐다. 염려 시기 질투 등 나 중
심의 이기적인 마음이었으나 이제는 가난 애통 온유 등
그리스도의 마음이 된다(마 5:3~11). ③ 언어가 바뀐다. 거
짓되고 거칠고 무지한 말을 일삼았으나 이제는 진실하고

온유하고 지혜로운 말을 한다(엡 4:29~31). ④ 관계가 바뀐다. 내 유익을 우선하는 생존 경쟁의 관계를 맺어 왔으나 이제는 섬기고 나누는 우정의 관계가 된다(롬 12:10). ⑤ 생활이 바뀐다. 자기애와 안락을 즐기던 생활이었으나 이제는 성숙과 사명을 구하는 생활이 된다(빌 2:1~4). ⑥ 능력이 바뀐다. 내 실력과 능력의 한계로 늘 실패와 좌절이었으나 이제는 어떤 상황이든 넉넉히 이기게 된다(빌 4:11~13). ⑦ 죽음이 바뀐다. 육신의 죽음의 문을 통과하여 천국에서 영원한 생명과 영광을 누리게 된다(딤후 4:7~8).

> "교회 공동체와 신학이 항상 새롭게 성령의 임재와 역사를 경험하려면 '창조자 성령이여 어서 오시옵소서', '오시옵소서, 오시옵소서 주님, 생명의 성령이시여'라고 탄식하며 부르짖어 기도해야 한다." **칼 바르트**

오늘 내 삶에도 살리시는 창조의 영이 임하여 생명의 역사가 나타나기를 구하자.

성령이 임하시면

그러므로 형제들아 우리가 빚진 자로되 육신에게 져서 육신대로
살 것이 아니니라 너희가 육신대로 살면 반드시 죽을 것이로되
영으로써 몸의 행실을 죽이면 살리니 (8:12~13)

우리는 모두 빚진 자로 살아간다(롬 1:14). 하나님 사랑
에 빚진 자요, 십자가 복음에 빚진 자요, 전도자의 헌신에
빚진 자이다. 그 사랑의 빚에 힘입어 구원을 얻고 오늘을
살고 있으니, 다시 육신으로 돌아가서는 안 된다. 그것은
배신이요, 파멸이다. 이제 우리 안에 성령이 거하신다. 영
으로 육신의 악한 행실을 죽이면 생명이요, 자유요, 풍성
이다.

사도 바울이 말씀하는 '영으로써 몸의 행실을 죽인다'
라는 것은 무슨 뜻인가? 무엇에든지 성령의 인도를 받는
것이다. 우리가 성령의 인도를 받으면 악한 행실은 죽고,
살리시는 성령의 역사가 일어난다(갈 5:16~24). 오늘도 우
리를 살리시는 이는 성령이다. 성령이 임하시면 사는
것이고, 아니면 죽는 것이다.

"성령이 아니시면, 하나님은 멀리만 계신다. 성령이 아니시면, 그리스도는 과거에만 계신다. 성령이 아니시면, 성경은 죽은 문자에 불과하다. 성령이 아니시면, 교회는 한낱 조직에 불과하다. 성령이 아니시면, 선교는 한낱 선전 광고에 불과하다. 성령이 아니시면, 신자들의 행위는 종교인의 윤리에 불과하다. 그러나 성령이 임하시면 우주는 잠을 깨고, 왕국을 낳는 산고로 신음한다. 성령이 임하시면 부활하신 그리스도는 여기 계시고, 복음은 찬란한 생명력을 내뿜고, 교회는 삼위일체 하나님과 생생한 교제를 누리고, 선교는 해방의 축제가 되고, 신자들의 삶은 하나님의 생명으로 가득하리라." 이냐시오 드 라 타키에

오늘 주시는 성령의 감화가 무엇인지 묵상하고 지금 바로 순종하자.

인도하시는 성령

무릇 하나님의 영으로 인도함을 받는 사람은 곧 하나님의 아들이
라 **(8:14)**

"사람들이 시각장애인인 나를 인도할 때, 저 100m 전방
에 뭐가 있다고 말하지 않는다. 단지 바로 앞에 있는 것
을 알려 준다. 하나님이 우리를 인도하시는 방법도 이와
같다. 10년 후, 20년 후를 나는 알려고 하지 않는다. 단
지 오늘 무엇을 해야 할 것인가를 보이시는 하나님께 믿
음으로 순종한다. 그러면 하나님은 내일을 인도하셔서
마침내 내 인생을 하나님이 약속하시고 계획하신 그곳
에 도달하게 하실 것이다." **킴 웍스**

하나님 자녀는 성령의 인도를 받는다. 만약 인도함이
없다면 그는 자녀가 아니다. 하나님은 자녀를 책임지신
다. 자녀이면 반드시 성령의 인도하심이 있다. 그렇다면
성령은 어떻게 인도하시는가?

하나, 말씀을 통해 인도하신다. 성경은 기록된 하나님

말씀이고(딤후 3:16), 설교는 선포되는 하나님 말씀이다(살전 2:13). 이 둘을 가까이할 때 성령께서 우리의 눈과 귀를 열어 주 뜻을 알게 하신다.

둘, 기도를 통해 인도하신다. 말씀을 근거로 하여 예수 이름으로 기도할 때 성령께서 역사하신다. 그 기도의 자리에서 바르게 선택할 수 있는 영감과 지혜, 용기와 담력을 얻는다(요 16:13, 행 27:21~26).

셋, 교회를 통해 인도하신다. 교회는 성령이 역사하시는 그리스도의 몸이다. 교회에서 예배하고 기도하며 성도의 교제를 나눌 때 힘과 용기, 지혜를 얻는 성령의 인도를 받는다(시 84:4~7).

나 개인뿐 아니라 교회와 민족이 성령의 인도를 받기를 갈망하고 기도하자.

아들로 삼으시는 성령

너희는 다시 무서워하는 종의 영을 받지 아니하고 양자의 영을
받았으므로 우리가 아빠 아버지라고 부르짖느니라 (8:15)

"하나님께 대한 호칭인 아바는 그 소리 자체부터 그야말
로 예수님이 최초로 발성하신 것이다. 전혀 새롭고 놀라
운 일이 우리 앞에 펼쳐진다. 여기 복음의 위대한 독창
성이 있다." **요아킴 예레미아스**

하나님을 '아빠(아바)'라고 처음 부른 이는 예수이시다
(막 14:36). 오직 하나님 아들인 예수만이 부를 수 호칭이
다. 죄인인 인간은 절대 누릴 수 없는 관계요, 호칭이다.
그런데 놀라운 반전이 일어났다. 예수 십자가, 곧 그의 속
량을 믿는 자들이 성령으로 말미암아 하나님 자녀로 입양
된 것이다(요 1:12).
　이제는 무서워하는 종이 아니다. 하나님의 자녀이고,
예수의 형제이고, 가족(마 12:50)이다. 하나님을 아빠 아버
지라 부르게 된 것이다. 이를 증언하고 확증하는 분이 성

령이시다. 우리가 하나님을 아빠 아버지로 부를 때 누리
는 축복은 다음과 같다.

① 언제든 아버지를 찾을 수 있다. 비록 허물과 죄가
있지만 자녀이기에 아버지라 부르며 하나님께 나아갈 수
있다(히 4:16). ② 언제든 아버지 자신을 누릴 수 있다. 창
조주, 구원자이신 하나님이 아버지이시기에 그 사랑 안
에 거하며 날마다 동행할 수 있다(요 17:21). ③ 언제든 아
버지의 것은 다 내 것이다. 자녀는 아버지의 상속자이기
에 그날 천국의 영광뿐 아니라 이 땅에 사는 동안 하늘의
모든 좋은 것을 누릴 수 있다(약 1:17). ④ 언제든 아버지의
뜻을 이룰 수 있다. 자녀이기에 아버지의 뜻을 알고, 사명
과 영광으로 여겨 즐겨 이루고자 한다(요 17:4, 롬 1:10). 이
모든 것은 '양자의 영' 성령께서 하시는 일이다.

오늘 하루 더 자주, 더 친밀하게, 더 사랑스럽게 이
한마디를 부르자. "아버지~!"

어머니 같은 성령

성령이 친히 우리의 영과 더불어 우리가 하나님의 자녀인 것을
증언하시나니 (8:16)

"길에서 미열이 나면/ 하나님 하고 부르지만/ 자다가 신
열이 끓으면/ 어머니, 어머니를 불러요." **신달자**

어머니, 사람은 누구나 이 호칭에 깊은 사랑을 느낀다.
어머니는 우리를 낳고, 기르고, 돌보고, 위로할 뿐만 아니
라 끝까지 함께하는 언제나 '내 편'이다. 그래서 우리는 장
성해서도 아프고 어려운 일이 있으면 어머니가 생각나고
어머니를 찾는다.

성령도 어머니 같다. 성령은 죄인인 우리를 품어 하나
님 자녀로 거듭나게 하신다(창 1:2, 요 3:5). 어린아이 같은
우리를 신령한 젖(벧전 2:2)과 생수(요 7:38~39)로 먹이고 기
르신다. 고아처럼 버려두지 않고, 돌보고 위로하고 격려
하며 세상 끝 날까지 함께하신다(요 14:16~17). 언제나 내
편이 되어 가르치고 변호하고 증언하신다(요 16:13).

　종종 철없고 못된 아들이 아버지를 의심하며 반항할 때면, 어머니는 눈물로 아들을 다독이며 그분이 네 아버지이며 여전히 너를 사랑한다고 변호하신다. 성령께서도 어머니처럼 믿음 없는 우리에게 하나님의 구원 역사를 증언하신다. 십자가가 죄 속량의 구원 사건임을 증언하신다(요 20:29, 고전 1:18). 예수가 그리스도 주 하나님이심을 증언하신다(고전 12:3). 성경과 설교가 하나님 말씀임을 증언하신다(살전 2:13, 딤후 3:16). 이런 성령의 은혜로 인해 오늘도 나는 구원받은 하나님의 자녀임을 확신하고, 믿음으로 기도하며 악과 세상을 이기게 된다(요일 5:10, 14).

　어머니 같은 성령을 경험한 적이 있는지 생각해 보고, 베푸신 성령의 은혜에 감사하자.

06
14 자녀가 누리는 영광

> 자녀이면 또한 상속자 곧 하나님의 상속이요 그리스도와 함께 한
> 상속자니 우리가 그와 함께 영광을 받기 위하여 고난도 함께 받
> 아야 할 것이니라 (8:17)

"나는 땅끝까지 통치하는 것보다 그리스도를 위해 죽는
것이 훨씬 좋습니다. 나는 나를 위해 죽으신 주님을 갈
망합니다. 우리를 위해 사신 주님을 열망합니다. 해산
의 고통이 나를 짓누르고 있습니다. 그러나 하나님 자녀
로서 천국의 영광이 훨씬 더 큽니다." **이그나티우스**

하나님 자녀가 누리는 영광은 크게 두 가지다. 하나는
자녀로서 '하나님 자신'을 누리는 영광이다. 언제든 아버
지를 부르며 그분의 풍성을 누리고 만족해하는 것이다(요
14:20, 빌 4:19). 다른 하나는 상속자로서 '하나님 나라'를 누
리는 영광이다. 이 하나님 나라는 세 가지 시제로 임한다.
　첫째, 이미 이루어진 하나님 나라이다. 예수를 구주
로 믿고 회개하므로 내 안에 이루어진 하나님 나라다(눅
17:21). 둘째, 오늘 이루어야 할 하나님 나라다. 섬김과 봉

사, 전도와 선교로 이 땅에 평강의 하나님 나라를 세우는 것이다(롬 14:17). 이때 불가피한 것이 고난이다. 죄로 인한 고난이 아니라 복음으로 인한 고난, 주의 뜻을 이루기 위한 고난이기에 이는 영광스러운 고난이다(딤후 1:8). 셋째, 그날에 이루어지는 하나님 나라다. 주께서 재림하실 때 하늘로부터 내려오는 새 하늘과 새 땅이다(요 14:2~3, 계 21:2).

이 하나님 나라 영광은 너무나 크고 찬란하기에 우리는 어떤 고난과 박해도 능히 감내하고 이겨 낼 수 있다. 이것이 자녀의 도리요, 긍지요, 능력이다. 우리가 이런 영광스런 자녀로 살아가게 하시는 이가 바로 성령이시다(행 7:55~56, 59).

자녀로서 마땅히 누려야 하는 영광을 묵상하며, 오늘도 하나님 나라를 이루어 가자.

06

15 | 영광의 소망

> 생각하건대 현재의 고난은 장차 우리에게 나타날 영광과 비교할
> 수 없도다 (8:18)

세상에서 가장 암울한 일은 무엇인가? 더는 나아질 길이 없고 소망이 없는 것이다. 그러나 우리에게는 영원한 소망이 있다. 이 소망은 막연한 기대나 행운이 아니다. 하나님의 약속에 근거한 것이다. 세상이 어떠하든지 반드시 이루어지는 하나님 나라의 영광스런 소망이다. 그 나라의 영광은 고난과 분리될 수 없다. 고난은 '영광으로 가는 길'이기 때문이다. 장차 성도들에게 나타날 영광은 무엇인가?

하나, 임마누엘로 인한 승리의 영광이다. 현재는 안 되고 망하는 것 같지만, 임마누엘 믿음으로 결국은 모든 것이 합력하여 선이 되는 영광이다(롬 8:28, 37). 둘, 승천 시에 부활로의 영광이다. 그리스도의 재림 때 죽은 자들이 먼저 일어나고, 그다음 살아 있는 우리 몸이 예수께서 부활하신 것처럼 부활체(復活體)로 변화되는 영광이다(고전

15:52~54). 셋, 천국에 입성하는 영광이다. 천국 자체에서 발하는 영광, 앞서간 성도들을 만나는 영광, 사명을 완수한 자에게 주시는 면류관의 영광, 그리고 무엇보다 영광의 본체이신 그리스도를 '얼굴과 얼굴'로 대하는 영광이다 (고전 13:12).

그날에 주어질 이 영광의 소망으로 인하여 우리는 어떤 고난도 능히 이겨 낼 수 있다. 현재의 고난은 잠시 받는 경한 것이고, 그날의 영광은 영원히 갖게 될 중한 것이기 때문이다(고후 4:17).

"종말에 새로운 창조가 시작될 때, 모든 사람이 주의 얼굴을 영광 중에서 보게 될 것입니다. 그때 주의 빛 가운데 거하며 내가 많은 무리와 가난한 이들 그리고 주님의 거룩한 백성들 가운데 있기를 원합니다." **마리아 발두스**

장차 나타날 소망을 바라보며, 오늘 해야 할 일을 한 가지 정해 충실히 행하자.

D-day와 V-day 사이에서

피조물이 고대하는 바는 하나님의 아들들이 나타나는 것이니
(8:19)

2차 세계대전 중 연합군이 노르망디 상륙 작전을 감행한 날(1944. 6. 6.)을 흔히 'D-day'라 부른다. 이날의 승리로 전세가 역전되었다. 그러나 'V-day'(승리의 날)는 아직이었다. 이후로도 전투는 계속되었고, 독일과 일본의 최후 발악으로 더 엄청난 살상과 피해가 이어졌다. 그리고 1년 뒤 그들이 패전을 선언하는 날, 비로소 V-day가 왔다.

인류의 역사도 이 이야기를 닮았다. 아담의 타락 이후 온 세상에 저주와 죽음이 찾아들었다. 사람뿐만 아니라 우주 만물에도 함께 저주가 내려졌다(창 3:17~18). 이 죽은 세상을 살리고자 예수께서 이 땅에 찾아오셨고, 십자가로 구원의 길을 여셨다. 십자가로 저주와 사망, 사탄을 단숨에 이기셨다. 곧 영적 D-day가 갈보리에서 일어난 것이다.

그러나 V-day는 아직이다. 여전히 이 땅에 사탄의 세력이 남아 있어 마지막 발악을 하며 죽음으로 치닫고 있

다. 피조물도 함께 고통받고 신음한다. 그들은 '하나님의 아들들'(교회와 성도)이 영광으로 나타나는 V-day를 간절히 고대한다. 참으로 놀라운 일 아닌가?

오늘도 크리스천은 D-day(이미)와 V-day(아직) 사이에서 살아간다. 크리스천이기에 세상에서 당해야 할 고난이 있다. 그러나 그리스도 재림의 날, V-day는 반드시 온다. 우리의 싸움은 결과가 정해져 있다. 이미 그리스도가 승리한 싸움에 참여한 것이다. 영광의 V-day, 그리스도 재림의 날을 더욱 고대하자. 나는 날마다 주님과 함께 나에게 주어진 길을 걸어가야겠다(고전 15:34).

"아멘. 오십시오, 주 예수님!" 계 22:20, 새번역

오늘이 V-day로 가는 거룩한 D-day가 되도록 나의 믿음의 결단을 일기로 써 보자.

세상 가장 아름다운 풍경

피조물이 허무한 데 굴복하는 것은 자기 뜻이 아니요 오직 굴복
하게 하시는 이로 말미암음이라 그 바라는 것은 피조물도 썩어짐
의 종 노릇 한 데서 해방되어 하나님의 자녀들의 영광의 자유에
이르는 것이니라 (8:20~21)

"세상 풍경 중에서 제일 아름다운 풍경/ 모든 것들이 제
자리로 돌아가는 풍경/ 세상 풍경 중에서 제일 아름다
운 풍경/ 모든 것들이 제자리로 돌아오는 풍경/ 풍경, 풍
경." **시인과 촌장**

언젠가 결혼식장에서 축가로 들었던 노랫말이다. 이
노래의 가사가 오늘도 내 가슴을 두드린다. '처음 세상'은
하나님도 탄성을 자아내실 만큼 보기 좋은 풍경이었다.
하나님께서는 그 창조의 정점에 사람을 창조하셨고, 지으
신 모든 것을 보며 매우 흡족해하셨다. "하나님이 지으신
그 모든 것을 보시니 보시기에 심히 좋았더라"(창 1:31)

왜 그렇게 만족하셨을까? 모든 것이 하나님께서 뜻하
셨던 제 자리에 있는 풍경이었기 때문이다. 그러나 아담

이 죄를 지으면서 인간과 하나님, 인간과 인간, 그리고 인간과 피조물의 관계까지 파괴되어 추하고 악한 죽음의 세상이 되었다. 온 땅과 피조물이 함께 저주를 받은 것이다.

저주와 죽음으로 가득한 이 세상을 구원하려고 오신 분이 있다. 바로 예수 그리스도다. 그 구원은 이른바 '영적인' 부분만 해당되는 것이 아니다. 우리의 영, 혼, 몸을 포괄하는 전인적인 구원이며(살전 5:23), 땅과 하늘을 포함하는 전우주적인 창조 질서의 회복이다(사 65:17~19).

하나님 나라의 완성은 이렇듯 인간을 포함한 모든 피조물을 저주와 죽음에서 해방하는 것이다. 이는 곧 '모든 것들이 제자리로 돌아가는 풍경'으로의 회복이다. 이 사명이 우리 하나님 자녀에게 있는 것이고, 이 전인적이고 전우주적인 완전한 회복이 그날에 누릴 '영광의 자유'에 있는 것이다.

나의 삶이 하나님이 바라시는 제자리를 찾아가도록 주변의 관계를 돌아보고 기도하자.

피조물의 탄식

피조물이 다 이제까지 함께 탄식하며 함께 고통을 겪고 있는 것을 우리가 아느니라 (8:22)

성경은 하나님께서 창조하신 이 세계가 얼마나 아름다운지를 노래한다(시 8:1~9). 그런데 이토록 아름답고 복된 피조 세계가 오늘날 몹시 탄식하고 있다. 자연재해, 기후 위기, 그리고 각종 전염병과 전쟁까지 온 세계가 마구 파괴되며 깊은 탄식을 한다. 이것은 죄로 인한 저주에서 오는 탄식이다. 인간의 죄와 욕망으로 모든 피조물이 함께 신음하는 것이다.

피조물의 탄식은 인간이 죄를 깨닫고 회개하기를 고대하는 탄식이다. 피조물의 고통이 그치기 위해서는 인간이 먼저 회개하고, '하나님의 자녀'로 구원받아야 한다. 이들의 탄식은 인간들이 죄를 깨닫게 하기 위함이요, 본연의 인간으로 돌아가라는 경고이기도 하다(사 1:16~29, 마 4:17).

이제 우리는 하나님의 자녀로서 눈에 보이는 소망이

아니라 그날의 소망을 가져야 한다. 하나님의 대리자이자 청지기로서의 삶을 살아야 한다. 그리할 때 피조 세계는 회복되고 온 땅에 주의 이름이 아름답게 아로새겨지는 것이다. 이를 위해 큰일부터 시작할 필요는 없다. 오늘, 지금, 나부터 할 수 있는 일을 하면 되는 것이다.

"큰 것을 잃어버렸을 때는/ 작은 진실부터 살려 가십시오./ 큰 강물이 말랐을 때는/ 작은 물길을 살펴 주십시오./ 꽃과 열매를 보려거든 먼저/ 흙과 뿌리를 보살펴 주십시오./ 오늘 비록 앞이 안 보인다고 해도/ 그저 손 놓고 흘러가지 마십시오." **박노해**

하나님의 대리자인 청지기로서, 오늘 하루 환경 보존을 위한 일을 세 가지 실천하자.

희망이 완창이다

그뿐 아니라 또한 우리 곧 성령의 처음 익은 열매를 받은 우리까
지도 속으로 탄식하여 양자 될 것 곧 우리 몸의 속량을 기다리느
니라 (8:23)

"절망만한 희망이 어디 있으랴./ 절망도 절창하면 희망
이 된다./ 희망이 완창이다." **천양희**

우리는 하나님의 자녀다. 세상을 하나님의 자녀로 살
다 보면 크게는 두 가지 고통이 따른다. 하나는 선한 양심
으로 인한 내적 고통이다(딤전 1:5). 작은 실수와 허물에도
괴로워하는 자책의 고통, 인간 한계성 때문에 주 뜻대로
살지 못하는 데서 오는 애통의 고통(롬 7:19, 24), 사랑하는
이들이 하나님을 믿지 않는 것으로 인한 긍휼의 고통(롬
9:1~2) 등이 여기에 해당한다.

다른 하나는 더 악해지는 세상으로 인한 외적 고통이
다(딤후 3:1~5). 하나님 자녀는 빛이기에 어둠의 세력에게
공격받을 수밖에 없다(엡 5:8). 또 세상에서 복음을 전하
고, 거룩한 삶을 살아야 하기에 무시와 천대, 손해와 억울

함, 박해와 핍박을 당해야 한다(마 10:23, 딤후 3:12). 때로는 그로 인해 탄식하며 절망하기도 한다. 그러나 이 탄식은 절망으로 끝나는 것이 아니다. 해산의 고통과 같이 그 끝에는 반드시 희망과 기쁨이 있다.

하나님의 자녀는 고통 중에도 그날을 고대한다. 고통이 크면 클수록, 절망이 깊으면 깊을수록 더욱 고대한다. 예수 그리스도께서 다시 오실 그날을 고대한다. 그날에 이루어질 의와 평강, 영광의 나라를 고대한다. 육체가 그리스도를 닮은 신령한 몸으로 변화될 '몸의 속량'을 고대한다. 그리스도가 부활하신 것처럼 우리의 몸도 신령한 부활체가 되어 천국에서 영원히 왕 노릇을 하는 영광의 그날을 고대하는 것이다.

하나님 자녀로서 당하는 고통이 내게 있는지 돌아보고 더욱 믿음으로 살기를 다짐하자.

재림을 고대하며

> 그뿐 아니라 또한 우리 곧 성령의 처음 익은 열매를 받은 우리까
> 지도 속으로 탄식하여 양자 될 것 곧 우리 몸의 속량을 기다리느
> 니라 (8:23)

예수께서는 "내 나라는 이 세상에 속한 것이 아니니라" (요 18:36)라고 말씀하셨다. 우리의 구원 역시 이 땅에서 완성되는 것이 아니다. 물론 이 세상에서 화평과 풍성을 누리며 잘사는 것도 복이다. 우리의 가정, 사회, 국가에도 하나님의 평화가 이루어지기를 구해야 한다.

그러나 이것은 하나님 나라의 그림자일 뿐, 하나님 나라 그 자체는 아니다. 하나님 나라는 그리스도께서 재림하실 때 완성된다. 그래서 우리는 성령의 처음 익은 열매로서 양자 될 것, 곧 장차 나타날 하나님 나라와 우리 몸의 속량을 기다리는 것이다.

사도가 말하는 '성령의 처음 익은 열매'란 우리가 그리스도를 믿고, 거듭나고, 죄와 죽음에서 해방되어 양자 된 것을 말한다. 이 처음 열매는 앞으로 더 많은 열매가 계속 풍성히 맺혀질 것을 암시한다. 그리하여 결국 주의 재림

때 '양자 될 것 곧 우리 몸의 속량'을 거두게 될 것이다. 이는 우리 육체가 부활체로 변화되어 재림하시는 그리스도를 공중에서 영접하는 것이다.

> "주님께서 호령과 천사장의 소리와 하나님의 나팔 소리와 함께 친히 하늘로부터 내려오실 것이니, 그리스도 안에서 죽은 사람들이 먼저 일어나고, 그 다음에 살아 남아 있는 우리가 그들과 함께 구름 속으로 이끌려 올라가서, 공중에서 주님을 영접할 것입니다. 이리하여 우리가 항상 주님과 함께 있을 것입니다." **살전 4:16~17, 새번역**

그날이 다가온다. 하나님 나라는 지금 이 순간에도 점점 더 다가오고 있다. 그러므로 우리는 깨어 주의 재림을 준비하고, 인내하며 오늘을 살아야 한다(마 25:13, 롬 13:11).

내일이 재림의 날이라면 오늘 나는 무엇을 해야 할지 생각하고, 그 일을 행하자.

06
21
험난한 세상에서

우리가 소망으로 구원을 얻었으매 보이는 소망이 소망이 아니니 보는 것을 누가 바라리요 만일 우리가 보지 못하는 것을 바라면 참음으로 기다릴지니라 (8:24~25)

남편을 일찍 여의고, 믿음 안에서 홀로 아들을 키우며 살던 한 어머니가 20대 초반의 아들을 교통사고로 먼저 떠나보냈다. 그녀는 먹지도 자지도 울지도 못하고, 며칠을 깊은 신음 속에서 지냈다. 그렇게 장례를 치르고, 한 달쯤 지난 어느 날 나를 찾아와 말했다.

"전에는 천국이 아주 멀리 있었어요. 천국에 아들이 있다고 생각되니, 이제는 아주 가까이 있어요. 매일 천국을 소망하거든요. 이제 더는 슬퍼하지 않고, 더욱 믿음으로 살려고 해요. 그날에 천국에서 주님을 뵐 때 부끄럽지 않은 권사, 엄마가 되기로 했어요."

듣는 나까지 숙연해지고 경건해지는 참 신앙의 언어였다. 이런 험난한 세상에서 우리는 어떻게 부끄럽지 않은 성도, 하나님 자녀로 살아갈 수 있을까? 최소한 이 다섯 가지 질문에 답할 수 있어야 한다. ① 죄 사함을 받았는가? ② 모든 이들과 사랑의 관계를 유지했는가? ③ 맡은 바 일에 충실하였는가? ④ 전도, 선교하는 일에 힘을 다하였는가? ⑤ 모든 일을 하나님의 영광을 위하여 기도로 하였는가?

이에 합당한 삶을 살기 위해서는 먼저 천국의 소망이 확실해야 한다. 고통과 환난이 시시때때로 덮치는 세상에서 천국의 소망을 굳게 붙잡고(롬 8:18, 고후 4:17) '참음으로' 기다려야 한다. 오늘 아무리 힘들어도 불평하거나 원망하지 말자. 포기하지 말자. 때가 되면 주께서 임하신다. 그날까지 기다리며 묵묵히 걸어가자(약 1:2~4).

"나의 걸음이/ 사람을 향한 것만이 아니고/ 당신에게로 나아가는 길이 되게 하시고/ 한강교를 건너가듯/ 당신의 나라로 가게 하여 주십시오." **박목월**

다섯 가지 중 내게 부족한 것을 보완하고, 천국을 소망하며 인내를 이루자.

언제나 돕는 손길

이와 같이 성령도 우리의 연약함을 도우시나니 우리는 마땅히 기도할 바를 알지 못하나 오직 성령이 말할 수 없는 탄식으로 우리를 위하여 친히 간구하시느니라 **(8:26)**

"우리는 확실히 약하다. 그러나 하나님에 의해 강해질 수 있는 희망은 열려 있다." **미우라 아야코**

인생은 누구나 죄인이고, 연약하다. 크리스천 역시 의롭다 함을 받은 하나님 자녀이지만, 여전히 연약한 존재다. 거듭나고 은혜 충만하며 천국을 소망한다 할지라도, 질그릇 같은 연약한 피조물일 뿐이다(고후 4:7).

감사하게도 성령님이 연약한 우리를 도우신다. 죄의 종으로 살던 우리에게 성령께서 오시어 그리스도를 믿게 하시고, 거듭난 자녀로 삼으시고, 소망 없는 세상에서 장차 누릴 영광, 곧 우리 몸의 속량을 소망하는 성결한 사람으로 바꾸어 놓으셨다. 이 모든 것이 우리의 연약함을 도우시는 성령의 사역이다. 여기서 '도움'은 연약한 사람의 손을 붙잡아 준다는 뜻이다(눅 10:40). 곧 우리가 연약할 때 성령께서 옆에서 손을 얹어 붙들어 주고, 힘을 돋우며 이끌어 가신다는 것이다. 그래서 성령을 '보혜사'(요 14:16, 16:7)라고 한다.

프랑스 화가 에밀 라누는 〈돕는 손〉이라는 유명한 작품을 남겼다. 수면 위 작은 배 한 척에 어린 소녀와 늙은 어부가 함께 있는 그림이다. 흔들리는 배 위에 앉아 제 몸만 한 육중한 노에 손을 올리고 있는 소녀의 눈망울은 긴장한 기색이 역력하다. 하지만 소녀의 작은 손 곁에 할아버지의 우직한 손이 함께 있다. 이 배는 앞으로 잘 나아갈 것이고, 건너편 강나루에 안전히 도착할 것이다. 연약한 소녀를 돕는 할아버지가 함께하기 때문이다.

이와 같이 성령께서 연약한 우리의 돕는 손이 되어 주신다. 자신의 연약함을 인정하고 주의 뜻대로 살고자 기도하는 누구나 성령께서 도우신다(고전 12:7).

나의 연약함을 도우시는 성령을 신뢰하고, 오늘도 나와 동행하시기를 기도하자.

두 번째로 위대한 기도

이와 같이 성령도 우리의 연약함을 도우시나니 우리는 마땅히 기도할 바를 알지 못하나 오직 성령이 말할 수 없는 탄식으로 우리를 위하여 친히 간구하시느니라 **(8:26)**

"성령의 탄식은 바람 같아. / 깊은 마음속에서 울리며, / 무한한 사랑을 담아서 / 우리의 소망을 이끌어 가네. / 성령은 하나님의 뜻을 알려 주는 / 말할 수 없는 언어로, / 평화를 안겨 주는 선물 같아. / 우리가 약할 때, 지칠 때, / 성령의 속삭임이 우리와 함께 / 탄식이 되어 우리 기도에 담겨 / 하나님의 귀에 닿아 우리를 살리네."

어느 날 밤, 기도하다 적은 믿음의 시이자 고백이다. 크리스천으로 살아가려면 누구든 기도해야 한다. 그러나 우리는 뻔히 기도해야 하는 줄 알면서도 제대로 기도를 안 하고, 못 하고, 잘못한다. 게으르거나 바빠서 기도를 안 한다. 몸이 아프거나 맘이 상하면 기도를 못 한다. 때로는 기도한다면서도 욕심에 이끌려 잘못 구한다. 이때 우리 안에 거하시는 성령께서 탄식하신다.

"성령이 말할 수 없는 탄식으로" 이는 우리를 향한 성령님의 기도의 열도(熱度)가 어떠한지를 보여 준다. 마치 어머니가 중병에 걸린 자식을 살려 달라는 그런 심정으로 기도하신다. 이 성령의 탄식으로 말미암아 우리는 더 악한 상태에 빠지지 않고, 심령의 부담을 느껴 기도의 자리로 돌아올 수 있다. 신음 같은 기도라도 토로할 수 있고, 비록 형편없는 기도이지만 하나님 보좌로 올라가는 것이다.

성령의 탄식을 우리 기도에 담는 좋은 방법이 있다. 예수 기도, 곧 '키리에 엘레이손, 주여 나를 긍휼히 여기소서'라고 고백하는 것이다. 심신이 지쳐 아무것도 할 수 없을지라도, 성령이 말할 수 없는 탄식으로 간구하시기에 우리는 언제든 신음 같은 기도라도 할 수 있다. 주께서 직접 가르쳐 주신 '주기도'(마 6:9~13)를 제외하면 이보다 더 나은 기도를 나는 알지 못한다.

오늘 하루 순간마다 '키리에 엘레이손' 하며 예수 기도를 하고, 밤에 소감을 적어 보자.

가장 위대한 기도

마음을 살피시는 이가 성령의 생각을 아시나니 이는 성령이 하나
님의 뜻대로 성도를 위하여 간구하심이니라 (8:27)

"오 주여, 내가 알아야 할 것을 알게 하시고/ 내가 사랑
해야 할 것을 사랑하게 하시며/ 당신을 가장 기쁘게 하
는 일을 찬양하게 하시고/ 당신이 보시기에 값진 것을
가치 있게 생각하게 하시고/ 당신께 거슬리는 일을 미워
하게 하소서. (중략) 무엇보다도 항상 당신의 뜻에 무엇
이 정말로 즐거운 것인가를 묻게 하소서." **토마스 아 켐피스**

많은 그리스도인이 기도 생활을 한다. 하지만 대부분
소원과 필요를 구하는 기도에 멈춰 있다. 내 기도가 하나
님의 뜻대로 하는 기도인지는 별로 묻지 않는다. '마땅히
기도할 바를 알지 못하고'(26절) 기도한다. 왜 그런가?

① 우리는 내게 유익한 것이 무엇인지 모른다. 때로는
화와 불행을 자초하는 것인데도 그것을 위해 기도한다(마
20:21~22). ② 앞으로 일어날 일과 상황을 전혀 모른다. 즉

어떻게 되어야 잘되는 건지 모른 채 기도한다(행 16:7). ③
내가 그런 복을 받을 그릇이 못 된다는 것을 모른다. 내게
주어지는 역사와 감당할 수 있는 능력이 어디까지인지 모
른 채 기도한다(대상 28:3). ④ 내 소원이 정욕에 치우치기
가 쉽다. 우리는 지극히 이기적이어서 나와 이웃에게 해
가 되는 것인데 그렇게 기도한다(눅 9:54, 약 4:3).

그러나 감사하게도 성령이 우리의 기도를 도와주신
다. 잘못된 기도, 무지한 기도, 정욕에 잡힌 기도를 바로
잡아 주신다. 우리의 눈을 열고, 마음을 붙잡아 하나님 뜻
대로 기도하도록 도우신다. 우리는 성령 안에서 기도해야
한다. 가난한 마음으로 성령의 감화를 받아 깨어 주의 뜻
을 구해야 한다(엡 6:18). 이때 가장 좋은 것이 예수께서 가
르치신 기도, '주기도'로 기도하는 것이다. 세상 가장 위대
한 기도, 온전한 기도는 주기도이기 때문이다.

오늘 하루 토마스 아 켐피스의 기도와 주기도로 자
주 기도를 드리자.

선견적 지식

우리가 알거니와 하나님을 사랑하는 자 곧 그의 뜻대로 부르심을
입은 자들에게는 모든 것이 합력하여 선을 이루느니라 (8:28)

어렸을 적부터 아버지께서 종종 하신 말씀이 있다. 내
가 실수하고, 실패하고, 억울한 일을 당하고, 고통 중에 있
을 때면 살며시 다가와 말씀하셨다. "아들아, 괜찮다. 염
려 말아라. 너는 반드시 잘되고 복될 것이다. 네가 하나님
을 사랑하는 줄 나는 안다. 너를 위해 기도하마." 얼마나
큰 힘이 되었는지 모른다. 지금도 아버지의 그 말씀이 가
슴을 울린다. 말씀대로 나의 약함, 병고, 억울함, 실패, 잘
못 등 모든 것이 합력하여 선이 되었음을 고백한다.

"우리가 알거니와" 이는 단순한 지식이 아니다. 성령
께서 자녀에게만 알려 주신 '하나님의 뜻'(27절)에 대한 깨
달음이다. 곧 죄로 인한 고통과 탄식에 대한 '선견적 지식'
이다. 우리는 믿음으로 구원을 받았다. 그 믿음으로 시각
이 달라진다. 믿음에 의해서 세상을 보고 내 운명을 본다.
이제는 죄인이 아니라 의인의 세계관을 갖는다.

구원받은 자로서 세상을 보면, 세상은 아름답다. 당장 눈에 보이는 것은 죄로 인한 세상의 부조리, 악, 고난(17~18절), 굴복(20절), 썩어짐의 종 노릇(21절), 피조물의 탄식과 고통(22절), 성도의 탄식(23절), 성령의 탄식(26절)이지만, 다른 한편 밝아 오는 하나님의 구원 역사를 보기 때문이다. 지금 일어나는 모든 일이 세상을 구원하기 위한 하나님의 섭리와 역사 속에 있음을 깨닫는다. 하나님 구원의 손길이 결국은 모든 것을 선으로, 곧 그날의 온전한 구원과 하나님의 영광으로 만들어 가심을 미리 아는 것이다.

이 선견적 지식이 있으면 어떤 환난과 핍박이 있다 해도 근심, 불평, 원망이 없다(행 7:55~56, 엡 1:17~18). 도리어 감사, 환희, 영광이 있을 뿐이다. 모든 것이 선이 되고 구원이 될 것을 보기 때문이다. 이것이 신앙의 '절정'이다.

오늘은 가족과 지인에게 가서 '롬828'의 소망으로 위로하고 축복하자.

합력하여 선을 이룬다

우리가 알거니와 하나님을 사랑하는 자 곧 그의 뜻대로 부르심을
입은 자들에게는 모든 것이 합력하여 선을 이루느니라 (8:28)

"합력하여 선을 이루느니라" 많은 크리스천이 이 구절
을 좋아할 것이다. 이 말씀은 무슨 뜻인가?

① 모든 것이 하나님께 속했다는 것이다. 세상에 우연
은 없다. 그 일, 그 사건, 그 만남, 그 역사는 하나님의 섭
리다(마 10:29~30). ② 모든 것이 구원을 향해 나아간다는
것이다. 당장 현실을 보면 망하는 것 같아도 하나님께서
는 보이지 않는 이면에서 모든 사건과 경험을 망라하여
'온전한 구원'을 위해 역사하신다. ③ 모든 것이 하나님의
사랑과 예지 가운데 이루어진다는 것이다. 하나님은 세상
에 나 한 사람만 있는 것처럼 나를 사랑하신다. 나를 가장
잘 아시기에 가장 적합하고 좋은 방법으로, 때론 고통이
고 환난일지라도 반드시 구원에 이르게 하신다. 그리하여
그날에 '아 그렇구나' 깨달으며 하나님께 감사와 영광을
돌리게 하신다.

'합력 선'은 누구나 누릴 수 있는 것이 아니다. 오직 '하나님의 뜻대로 부르심을 입은 자', 곧 하나님을 사랑하는 자만이 누리는 선이다. 마음을 다하고 뜻을 다하고 힘을 다하여 하나님을 사랑하는 자에게는 반드시 모든 것이 합력하여 선이 된다(갈 6:9).

"하나님을 사랑하고 기도하면서 나아가십시오. 실패한 것 성공한 것, 어려운 것 고통스러운 것, 하나님의 손에 올려놓으십시오. 그러면 하나님께서 구원하실 것입니다. 모든 것을 선으로 이루시는 예수 그리스도께서 우리 앞에 앞장서서 가고 계십니다." 케터 발터

내 삶의 실패, 고통 등이 합력하여 선이 된 것이 무엇인지 생각하고, 간증하자.

그리스도를 본받아

> 하나님이 미리 아신 자들을 또한 그 아들의 형상을 본받게 하기
> 위하여 미리 정하셨으니 이는 그로 많은 형제 중에서 맏아들이
> 되게 하려 하심이니라 (8:29)

하나님께서는 창세 전에 구원받을 자를 예지하고, 예정하셨다. 그 목적은 분명하다. 하나님 형상을 본받게 하기 위함이다. 이는 그리스도 예수를 본받는 것으로, 세 차원의 본받음을 의미한다.

하나, 그리스도의 성품을 본받는 것이다. 존재의 본받음, 곧 인격의 변화로 무엇에든지 성령의 열매(갈 5:22~23)를 맺는 것이다.

둘, 그리스도의 삶을 본받는 것이다. 이는 사명의 본받음으로, 가서 복음을 전하고 모든 족속으로 제자 삼는 것이다(마 28:19~20). 그리하여 맏아들 되신 예수의 형제를 많이 세워 주 그리스도께 영광을 돌려야 한다(빌 2:9).

셋, 그리스도의 영광을 본받는 것이다. 이는 종말의 본받음으로, 재림 시에 썩어질 우리의 몸이 영광의 몸으로 홀연히 변화되는 것이다(고전 15:52). 그날에 우리는 그리

스도의 형상을 온전히 닮은 자녀가 된다.

"내 병든 마음을 고쳐 주소서. 나로 하여금 땅 위의 모든 유혹을 떨쳐 버리게 하소서. 그리하여 그리스도 영광의 몸으로 변화되어 낙원에 들어가는 믿음의 힘을 아, 이 몸에도 주소서." 예브게니 바란티스키

그날만 아니라 오늘 삶의 자리에서도 그리스도를 온전히 본받으며 살아가자.

그냥 널 사랑한다

> 또 미리 정하신 그들을 또한 부르시고 부르신 그들을 또한 의롭
> 다 하시고 의롭다 하신 그들을 또한 영화롭게 하셨느니라 (8:30)

하루는 한 아이와 엄마의 대화를 듣게 되었다. "엄마
나, 사랑해?" "그럼, 사랑하지." "근데 엄마, 왜 날 사랑해?"
"그냥~" "그래도 이유가 있을 것 아냐?" "그냥 널 사랑해!"

하나님께서 우리를 구원하셨다. 이 구원은 즉흥적으
로 갑자기 된 것이 아니다. 하나님께서 창세 전부터 계획
을 세우고, 오묘한 질서 가운데 우리를 구원하신 것이다.
구원은 예지(豫知), 예정(豫定), 소명(召命), 칭의(稱義), 성화
(聖化), 영화(榮化)의 여정으로 이루어져 있다. 이는 서로
끊어질 수 없는 '구원의 황금 사슬'이다.

예지는 하나님께서 모태에서 짓기 전부터 나를 아시
고 나에 대한 구원 계획을 갖고 계신 것이다(렘 1:5). 예정
은 하나님께서 창세 전에 그리스도 안에서 나를 구원하기
로 택하신 것이다(요 15:16). 소명은 내가 그리스도를 믿기
전에 하나님이 나를 지명하여 그리스도를 믿도록 부르신

것이다(사 43:1). 칭의는 십자가 속량을 믿음으로 의롭다 함을 받고 구원을 얻은 것이다(롬 3:24). 영화는 칭의 이후 성화(성령 세례, 성령 충만)를 거쳐 재림의 그날에 영광의 구원에 이르는 것이다(롬 8:23, 29). 이처럼 구원의 처음부터 마지막까지 모든 여정은 신묘막측(神妙莫測)한 하나님의 사랑에 쌓여 있다.

어느 날 나는 하나님께 여쭈었다. "하나님, 왜 날 사랑해요?" "그냥~" "그래도 이유가 있을 것, 아네요?" "그냥 널 사랑한다."

"예수님은 이 세상에 구원받을 사람이 나 하나밖에 없었더라도 나를 위해 십자가를 지러 오셨을 것이다." 성 어거스틴

하나님의 놀라운 사랑에 오늘 하루 어떻게 응답하며 살 것인지 생각하고, 실천하자.

나만 알고 누리는 복음의 환희

그런즉 이 일에 대하여 우리가 무슨 말 하리요 만일 하나님이 우리를 위하시면 누가 우리를 대적하리요 (8:31)

베토벤은 스물일곱 살 때 귓병으로 청력을 잃는다. 음악가에게 청각장애는 사형 선고나 다름없었다. 그는 자살을 생각하고 유서를 쓴다. 그러나 음악에 대한 그의 창조적 욕구는 운명의 고뇌를 뚫고, 불후의 명작들을 작곡하게 한다. 제9번 교향곡 〈합창〉이 처음 초연될 때이다. 연주가 끝내자 열화와 같은 환호성과 함께 청중이 열광했다.

그러나 단 한 사람, 베토벤만은 청중의 열광을 몰랐다. 들을 수 없었기 때문이다. 그는 계속 악보를 뒤적이고 있었다. 청중의 반응과는 상관없이 그는 자신만 아는 환희를 누리고 있었다. "죄와 슬픔 사라지고 의심 구름 걷히니 변함없는 기쁨의 주 밝은 빛을 주시네!" 잠시 후 한 남자가 어깨를 건드리며 청중을 가리키자 그는 그제야 일어나 청중을 향해 인사했다.

로마서 1장에서 시작된 바울의 복음 서술이 이제 "영

화롭게 하셨느니라"(30절)라는 축복으로 일단락되었다. 그는 자신이 깨달은 복음의 비밀을 다 풀어놓았다. 다 이룬 것이다. 이제 그만이 아는 기쁨이 그를 사로잡는다. 더는 말이 필요 없다. "그런즉 이 일에 대하여 우리가 무슨 말 하리요" 하나님께서 베푸신 구원의 은혜, 복음의 감격을 생각하면 할 말이 없다. 보태고 싶은 말이 없다. 감격하여 벌떡 일어나 두 손 들고, 하나님께 감사와 찬양, 영광을 올려야 한다. "할렐루야! 아멘!"

"주님의 기쁨의 빛이 제 인생을 따뜻하게 할 것입니다. 그 기쁨의 불이 제 마음에서 타올라 주님의 영광을 위해 빛을 발할 것입니다." **토마스 머튼**

복음이 나에게 주는 기쁨을 누리고, 그것을 주변 사람들에게 나누어 보자.

구원의 찬가

그런즉 이 일에 대하여 우리가 무슨 말 하리요 만일 하나님이 우리를 위하시면 누가 우리를 대적하리요 (8:31)

"그런즉 이 일에 대하여 우리가 무슨 말 하리요" 지금 껏 하나님의 구원 섭리와 복음을 진술해 온 사도 바울은 할 말을 잃었다. 이제 그에게는 구원의 찬양과 확신만이 남았을 뿐이다. 그는 다섯 가지 질문의 형식을 빌려 구원 의 찬가를 부른다.

① 만일 하나님이 우리를 위하시면 누가 우리를 대적 하리요(31절)? ② 자기 아들을 아끼지 아니하시고 우리 모 든 사람을 위하여 내주신 이가 어찌 그 아들과 함께 모든 것을 우리에게 주시지 아니하겠느냐(32절)? ③ 누가 능히 하나님께서 택하신 자들을 고발하리요(33절)? ④ 누가 정 죄하리요(34절)? ⑤ 누가 우리를 그리스도의 사랑에서 끊 으리요(35절)?

그는 지금 누구든지, 하늘이나 땅이나 지옥에 있는 누 구든지 이 질문에 이의가 있으면 제기하라고 자신 있게

도전하고 있다. 물론 이 질문에 이의를 제기할 자는 아무
도 없다. 우리의 구원(예지, 예정, 소명, 칭의, 성화, 영화)은 모
두 확고한 진리에 근거하고 있고, 하나님이 친히 행하고
이루셨기 때문이다.

"주님은 의로우시고, 돕는 자이십니다. 주님은 온유하
고, 그의 왕관은 거룩입니다. 그의 왕위는 자비입니다.
주님은 우리의 고난을 종식했습니다. 환호하며 기쁨으
로 노래하십시오. 하나님이시며 구원이신 그리스도께
서 행하신 위업을 찬양합시다." **게오르그 바이셀**

사도의 다섯 가지 물음에 나는 어떻게 답할 것인지
생각하고, 구원의 찬양을 부르자.

로마서 365

7

푸른 마음 한가득
7월

날로 짙어 가는 녹음 따라

내 삶도 조금씩 더 푸르게 하소서.

당신의 숲속에서 오래오래 머물며

누군가의 쉼 되는 인생이면 좋겠습니다.

푸른 내음 지천인 계절에

내 작은 마음에 그 푸르름 가득 심어

푸른 하늘 필요한 이들에게 나누고 싶습니다.

무릇 하나님의 영으로 인도함을 받는 사람은
곧 하나님의 아들이라(롬 8:14)

♣ 빈 의자는 나와 함께하시는 그리스도를 뜻한다.

완벽한 구원

> 그런즉 이 일에 대하여 우리가 무슨 말 하리요 만일 하나님이 우
> 리를 위하시면 누가 우리를 대적하리요 (8:31)

오래전 조선의 모사(謀士) 한명회를 다룬 드라마를 본 적이 있다. 극 중에서 모반을 꾀하자는 제안을 받자, 그는 단호히 거절한다. "안 들은 것으로 하겠네. 난 지는 싸움은 안 해!" 그 말대로 그는 약삭빠르게 늘 이기는 싸움만 하는 듯했다. 하지만 그런 그도 말년에 모든 관직에서 삭탈(削奪)당한다. 이에 분을 못 이겨 도끼로 자신의 정강이를 내리찍었다고 한다.

아무리 강한 인간이라도 누구든 지는 싸움을 할 수밖에 없다. 결국 죄에 지고 죽음에 진다. 그래서 인생에서 첫 번째로 해결해야 할 문제가 구원이다. 구원이 흔들리면 모든 것이 다 흔들린다. 바울이 '만일 하나님이'라는 단서를 빼고 "누가 우리를 대적하리요?"라고만 했다면, 수많은 비웃음과 공격이 있었을 것이다. 세상에는 구원을 대적하는 세력이 사방에 널려 있다. 하나님이 위하지 않으

시면, 우리는 금방 그들의 먹잇감이 되고 만다.

그러나 감사하게도 하나님이 우리를 위하신다. 죄와 허물, 연약함에도 불구하고 오직 은혜, 오직 믿음, 오직 성경으로 구원을 받고, 그 영광에 이를 수 있다. 아무도 우리의 구원을 폐할 수 없다. 물론 육신과 마귀가 여전히 우리를 대적하겠지만, 하나님이 우리를 지키시기에 그들은 만질 수가 없다(요일 5:18). 구원은 하나님이 이루시고, 믿는 자는 하나님의 것이기 때문이다(사 43:1, 요 10:28~29).

> "나는 아무것도 얻지 못하고 획득하지 못했습니다. 이미 버려진 아이처럼 쇠잔해 있습니다. 하지만 주님은 은혜 안에서 매일 우리를 지키십니다. 어두운 길에서 빛으로 나타나십니다. 주님만이 구원을 이루시고, 주님만이 구원이십니다." **아르노 푀츠**

나는 구원의 확신이 있는가를 점검하고, 그 확신의 근거가 무엇인지 정리해 보자.

확실한 보증

> 자기 아들을 아끼지 아니하시고 우리 모든 사람을 위하여 내주신
> 이가 어찌 그 아들과 함께 모든 것을 우리에게 주시지 아니하겠
> 느냐 (8:32)

인생을 살면서 첫 번째로 해결해야 할 문제가 구원이
라면 두 번째는 '일용할 양식'이다. 누구든 '의식주'가 해결
되지 않으면 생을 영위할 수 없기 때문이다. 그런데 놀랍
게도 양식의 문제 역시 구원에서부터 해결된다(마 6:33).

일상에서 신용카드를 쓸 때면 반드시 요구받는 것이
있다. 지급자의 '서명'이다. 서명이 없거나, 다르면 의심
받거나 사용 불가가 된다. 바울이 만약 '그 아들과 함께'를
빼고 "하나님이 모든 것을 우리에게 주시지 않겠느냐"라
고 했다면, 우리의 구원은 확실성과 신뢰를 잃게 된다. '그
아들과 함께'가 없다면, 십자가 부활로 인한 구원의 여정
들이 다 흔들린다. 그뿐 아니라 하나님의 모든 약속과 은
사들도 다 의심받게 된다.

그러나 '그 아들과 함께'는 이런 모든 의심과 불확실성
을 단번에 날려 버린다. 그 아들 예수, 그는 우리 구원의

근거요, 보증이다. 동시에 우리 죄인을 위해 독생자를 주신 하나님 사랑의 총체요, 확증이다. 모든 좋은 것이 그 아들에게서 나오고, 그 아들로 말미암고, 그 아들에게로 돌아간다(롬 11:36). '그 아들과 함께'가 구원의 보증이고, 모든 좋은 것의 가장 확실한 공급이다(빌 4:19).

젊은 날 독일에서 유학할 때였다. 가끔 어머니께 전화하면 아들을 사랑하는 마음에 이것저것 많은 것을 보내겠다고 하셨다. 나는 어머니의 맘을 충분히 이해하면서도 속으로 이런 생각을 하곤 했다. '어머니, 그런 거 다 독일에 있어요. 기도만 해 주세요.' 이처럼 모든 좋은 것은 '그 아들과 함께' 다 있다. 가장 귀한 독생자를 주신 하나님께서 다른 것을 안 주실 리가 없다. 그 아들과 함께 이미 주셨고, 앞으로도 계속 주실 것이다.

나는 하나님께 '그 아들과 함께' 무엇을 받았는지 생각하고, 글로 써 보자.

완전한 승소

> 누가 능히 하나님께서 택하신 자들을 고발하리요 의롭다 하신 이
> 는 하나님이시니 누가 정죄하리요 죽으실 뿐 아니라 다시 살아나
> 신 이는 그리스도 예수시니 그는 하나님 우편에 계신 자요 우리
> 를 위하여 간구하시는 자시니라 **(8:33~34)**

인생을 사는 데 반드시 해결해야 하는 중요한 문제가
있다. 첫째는 구원이고, 둘째는 양식이고, 셋째는 의의 문
제다. 특히 의의 문제가 해결되지 않고는 늘 갈등하고 탄
식하며 두려움에 잡혀 산다. 의가 흔들리면 구원도 흔들
리고, 살아도 사는 것이 아니다.

만약 바울이 '하나님께서 택하신'을 빼고 "누가 능히 우
리를 고발하리요"라고 했다면, 숱한 것에 고발당할 것이
다. 고발, 정죄는 법정 용어다. 법정의 판사 앞에서 우리
는 고발을 당한다. 나의 양심이 나를 고발하고, 율법이 나
를 고발하고, 마귀도 나를 고발한다. 마귀는 본래 중상,
참소, 비방하는 자이기에 이전 나의 모든 죄를 다 들춰내
고발한다.

그러나 아무 소용이 없다. 그들의 참소는 우리를 해할

수 없다. 아무리 참소의 불화살을 날릴지라도, 그들의 화
살은 우리를 뚫지 못하고 땅에 떨어지고 만다. '믿음의 방
패'가 있기 때문이다. 재판관이신 하나님께서 우리를 택하
시고, 이미 의롭다고 선언하셨음을 믿기 때문이다(롬 8:1).

물론 방심해선 안 된다. 우리가 세상을 떠나게 될 때,
그들의 참소가 있을 것이다. "너는 죄인이다. 이런저런 죄
를 지었다. 천국에 들어갈 수 없다." 그러나 하나님께서
의롭다 하셨으니 우리를 정죄할 자는 없다. 이제 이 믿음
으로 말미암는 의로 담대하게 천국에 입성하면 된다.

> "영원한 빛이신 그리스도시여, 내 마음과 영혼을 비추시
> 고, 당신의 빛으로 채워 주소서. 주의 빛만이 나를 의롭
> 게 하시고, 영원토록 빛 가운데 살게 합니다." **요한 프리드**
> **리히 루오프**

하나님께서 나를 택하셨다는 믿음을 가지고, 오늘
하루 당당하게 믿음으로 살자.

죽음보다 강한 사랑

누가 우리를 그리스도의 사랑에서 끊으리요 환난이나 곤고나 박해나 기근이나 적신이나 위험이나 칼이랴 기록된 바 우리가 종일주를 위하여 죽임을 당하게 되며 도살 당할 양 같이 여김을 받았나이다 함과 같으니라 (8:35~36)

"너무 고통스러울 땐, 하나님께 그만 데려가시라고도 기도했어요. 그런데 고통의 순간을 넘어서면 신비하게 새 힘이 생기고, 감사가 일어요. 이제야 깨닫는 것은, 하나님께서 나를 지극히 사랑하신다는 거예요. 주님은 늘 나에게 후히 대하셨어요. 천국 가는 것도 좋으나, 살려 주시면 그 사랑을 전하며 살고 싶어요." 죽음의 고비를 여러 번 넘기며 말기 암 투병을 하는 어느 50대 형제의 고백이다.

우리의 인생에서 해결해야 할 네 번째 문제는 시험이다. 사도가 시험의 예로 든 환난, 곤고, 박해는 하나님을 대적하는 자들이 가하는 고난이다. 기근, 적신은 먹을 것 입을 것이 없는 극도의 궁핍이다. 위험, 칼은 목숨을 위협 당하고 죽임을 당하는 고통이다.

이런 시험들은 예수께서 앞서 당하셨고, 사도들 역시

당한 고통이다(고후 11:23~27). 그뿐 아니라 모든 성도가 반드시 당해야 할 고통이다(딤후 3:12). 성도의 고난은 성경이 증언하는 바이니, 우리 역시 두려워하지 말고 담대히 받아야 한다(시 44:22).

그렇다면 어떻게 시험을 이길 수 있는가? 끊어지지 않는 예수 그리스도의 사랑 안에 거하는 것이다. 하나님과 나 사이에 있는 십자가 사랑의 줄을 굳게 붙잡고 있으면 신비하게도 고난, 궁핍, 고통 속에서도 나를 향한 하나님의 사랑을 발견할 수 있다. 그 죽음보다 강한 사랑으로 모든 시험을 능히 이기는 것이다.

"사랑은 타오르는 불길, 아무도 못 끄는 거센 불길입니다." 아 8:6, 새번역

여러 가지 시험 속에 있다면 그 사랑으로 이기기를 기도하고, 실천하자.

넉넉한 승리

> 그러나 이 모든 일에 우리를 사랑하시는 이로 말미암아 우리가
> 넉넉히 이기느니라 (8:37)

"성경에서 마귀에 대한 하나님의 승리를 여섯 단계로 묘사한다. 첫 단계는 여인의 후손에게서 구원자가 나온다는 예언된 승리이다(창 3:15). 두 번째 단계는 예수께서 광야에서 사탄을 물리치는 시작된 승리이다(마 4:10~11). 세 번째 단계는 십자가에 죽으심으로 성취된 승리이다(골 2:13~15). 네 번째 단계는 부활로 선언된 승리다(마 28:18~20). 다섯 번째 단계는 성령으로 확장되는 승리다(행 1:8). 여섯 번째 단계는 재림으로 완성되는 승리다(계 21:1)."

20세기 복음주의의 선구자 존 스토트는 『그리스도의 십자가』에서 하나님이 이루신 승리를 여섯 단계로 정리했다. 그의 말처럼 복음은 예수 그리스도의 승리 소식이다. 이 승리는 죄에 대한 승리요, 죽음에 대한 승리요, 사탄에

대한 승리요, 환난에 대한 승리이다. 하나님께서는 그 승리에 우리를 동참시키기 위해 모든 것을 준비해 놓으셨다. 승리의 주, 예수 그리스도. 승리의 교본, 성경. 승리의 공동체, 교회. 승리의 동반자, 성령. 승리의 나라, 천국. 이렇게 모든 것을 미리 준비하셨다.

이제 우리에게는 하나만 있으면 된다. 곧 그리스도의 사랑 안에 거하는 것이다. 환난과 시련 속에서도 사랑하면 이기는 것이다. 하나님의 사랑을 느끼고, 그 사랑 속에 거하고, 사랑으로 살면 이기는 것이다. 환난, 적신, 위험, 죽음이어도 사랑하면 이기는 것이다. 끝까지 사랑하는 자가 승리자요, 넉넉히 이기는 자이다. 그러면 오늘 누군가에게 하는 작은 말 한마디에도 승리를 누릴 수 있다(고전 13:7).

어떤 상황에서도 예수 그리스도의 사랑 안에 거하고, 그 사랑을 말과 삶으로 보여 주자.

끊을 수 없는 승리의 찬가

내가 확신하노니 사망이나 생명이나 천사들이나 권세자들이나
현재 일이나 장래 일이나 능력이나 높음이나 깊음이나 다른 어떤
피조물이라도 우리를 우리 주 그리스도 예수 안에 있는 하나님의
사랑에서 끊을 수 없으리라 (8:38~39)

"내 눈을 감기세요, 그래도 나는 당신을 볼 수 있어요. /
내 귀를 막으세요, 그래도 나는 당신 말을 들을 수 있어
요. / 발이 없어도 당신에게 갈 수 있고, / 입이 없어도 당
신을 부를 수 있어요. / 내 팔을 꺾으세요, 나는 당신을
내 마음으로 잡을 거예요. / 내 심장을 멈추게 하세요, 그
러면 내 머리가 고동칠 거예요. / 당신이 내 머리에 불
을 지르면 그때는 내 핏속에서 당신을 실어 나를 것입니
다." **라이너 마리아 릴케**

"사망이나 생명이나 천사들이나 권세자들이나 현재
일이나 장래 일이나 능력이나 높음이나 깊음이나 다른 어
떤 피조물이라도" 이것은 성도의 삶을 뒤흔들고, 하나님
의 사랑에 의혹을 품게 하는 존재와 대상들을 가리킨다.

이들은 짝을 이룬다. 사망과 생명, 천사들과 권세자들, 현재 일과 장래 일, 높음과 깊음이다. 짝이 없는 것이 하나 있다. '능력'이다. 이는 사람을 타락시키고 죽음으로 이끄는 악한 영의 능력을 말한다.

이런 모든 것을 포함하여 어떤 피조물이라도 하나님의 사랑에서 우리를 끊을 수 없다. 이는 나를 살린 '십자가 피의 사랑'이기 때문이다. 이 사랑이 성령으로 말미암아 심장에 부어져 내 핏속에 뜨겁게 흐르고 있다. 이 사랑을 누가 막을 수 있겠는가? 무엇으로 끊을 수 있겠는가? 결코 막을 수 없고, 절대 끊을 수 없다! 하나님의 사랑은 우리를 향해 지금도 이렇게 흐르고 있다.

내가 받은 놀라운 하나님의 사랑을 오늘 만나는 누군가에게 전하고, 나누어 보자.

크리스천의 근심

내가 그리스도 안에서 참말을 하고 거짓말을 아니하노라 나에게
큰 근심이 있는 것과 마음에 그치지 않는 고통이 있는 것을 내 양
심이 성령 안에서 나와 더불어 증언하노니 **(9:1~2)**

로마서는 크게 세 부분으로 나눈다. 처음 여덟 장(1~8)
은 '복음'에 관한 것이고, 마지막 다섯 장(12~16)은 '생활'에
관한 것이다. 그리고 이제부터 다룰 가운데 세 장(9~11)은
'이스라엘과 섭리'에 관한 것이다. 사도 바울은 앞서 8장
의 결론으로, 구원에 대한 승리의 찬가를 부르며 환호했
다. 그런데 9장에서는 다시 '큰 근심'이 있다고 토로한다.

크리스천은 구원의 감격과 능력으로 인하여 어떤 환
난 속에서도 승리의 찬가를 부르며 기뻐하고 감사할 수
있다(살전 5:16~18). 한편 세상이 알지 못하는 근심도 있다.
하나, 인간 한계성으로 인해 하나님의 뜻대로 살지 못할
때 오는 근심이다(롬 7:23~24). 둘, 사랑하는 부모 형제, 나
라 민족이 구원에서 떠나 죄 가운데 사는 것을 보는 근심
이다. 셋, 점점 더 하나님을 대적하는 불법한 세상에서 사
는 근심이다(벧후 2:7~8).

사도는 두 번째 이유로 근심한다. 자기 민족 이스라엘이 구원에서 떠나 사는 것에서 오는 큰 근심이다. 그 근심이 얼마나 크고 간절한지 '그리스도 안에서', '참말을 하고', '거짓말을 아니하노라', '내 양심이', '성령 안에서'와 같은 표현으로 거듭 강조한다. 동족이 구원에서 떠나 죄 가운데 있는 것에 대한 그의 애끓는 심정이 느껴진다. 오늘 나의 근심은 어디에 있는가. 또 누구를 품고 기도하고 있는가 돌아보게 된다.

"어머니처럼 하나밖에 없는 내 조국/ 어디를 찔러도 내 몸같이 아픈 조국/ 이 민족 마음마다 가정마다 교회마다 사회의 구석구석/ 금수강산 자연환경에도 하나님의 나라가 임하게 하시고/ 뜻이 하늘에서처럼 이 땅에 이루어지게 하옵소서." **김준곤**

사도 바울과 같은 근심을 품고 내 주변 이웃들의 구원을 위해 기도하자.

크리스천의 애국

나의 형제 곧 골육의 친척을 위하여 내 자신이 저주를 받아 그리
스도에게서 끊어질지라도 원하는 바로라 (9:3)

"내가 아플 때보다 네가 아파할 때가 내 가슴을 철들게
했고/ 너의 사랑 앞에 나는 옷을 벗었다 거짓의 옷을 벗
어 버렸다/ 너를 사랑하기에 저 하늘 끝에 마지막 남은
진실 하나로/ 오래 두어도 진정 변하지 않는 사랑으로
남게 해 주오." 김종환

사랑은 우리를 투명하게 한다. 사랑하는 이 앞에 서면
오롯이 진실하게 되고, 할 수만 있다면 대신 아파 주고,
모든 것을 다 내어 주고 싶어진다. 크리스천의 애국도 그
렇다. 나라가 잘되고 복되는 일이라면 내 한목숨 바쳐도
아깝지 않고, 기꺼이 다 드릴 수 있다.

물론 크리스천의 애국은 물질적 번영을 추구하는 것
이 아니라, 하나님 나라 관점에서 이루어진다. 곧 온 백
성이 하나님께로 돌아와 구원받는 것이고, 민족 전체가

그리스도의 주권을 인정하며 그 뜻대로 사는 것이며(마 6:33), 제사장 민족이 되어 온 세상에 거룩한 복음의 삶을 보여 주고 전하는 것이다(벧전 2:9). 크리스천의 나라 사랑은 하나님 경외와 복음 전도로부터 시작된다.

이전의 바울은 교회를 핍박하던 유대인이었다. 그러나 주권적인 부르심으로 '이방인의 사도'가 되었다. 이방인에게 복음을 전하면서 도리어 그는 유대인의 박해를 받게 된다. 동족에게 핍박받는 적대적 관계가 된 것이다. 아픈 현실 속에서도 그는 이스라엘을 향한 자신의 마음을 애절하게 드러내고 있다. 이런 사도의 애끓는 기도는 범죄 한 이스라엘을 위하여 '자신의 이름을 생명책에서 지워 달라며' 간청하던 모세의 기도와 오버랩된다(출 32:32).

애국의 마음으로 나라와 민족을 위해 기도하고, 믿지 않는 한 사람을 택하여 전도하자.

163

07
09 민족 구원에 대한 믿음

> 그들은 이스라엘 사람이라 그들에게는 양자 됨과 영광과 언약
> 들과 율법을 세우신 것과 예배와 약속들이 있고 조상들도 그들
> 의 것이요 육신으로 하면 그리스도가 그들에게서 나셨으니 그
> 는 만물 위에 계셔서 세세에 찬양을 받으실 하나님이시니라 아멘
> **(9:4~5)**

이스라엘의 반역을 보며 사도 바울은 절망만 한 것이
아니었다. 그는 이스라엘을 향한 하나님의 언약이 있음을
믿었다. 그래서 이제 이스라엘을 향한 구원의 섭리를 설
명한다. 현재 이스라엘은 예수 믿는 것을 거절하고 있지
만, 언젠가는 반드시 그 민족이 회복될 것이라고 믿었던
것이다. 이에 이스라엘이 받았던 여덟 가지 특권에 대해
언급한다. 곧 양자 됨, 영광, 언약, 율법, 예배, 약속, 조상,
그리스도이다.

사실 '이스라엘'이란 이름 자체가 선민으로서 복된 이
름이다(창 32:28). 사도는 이스라엘을 향한 선민의 은혜가
아직 폐기되지 않았음을 믿는다. 하나님께서 친히 약속
하셨기에 반드시 구원의 그날이 도래할 것을 확신하고 있
다. 그래서 송영을 덧붙인다. "그는 만물 위에 계셔서 세

세에 찬양을 받으실 하나님이시니라 아멘" 하나님께서는
약속하실 뿐만 아니라 그 약속을 이루시는 분이다. 끝까
지 믿으면 결국은 이루어지는 것이다.

"그날이 와서, 오 오 그날이 와서/ 육조 앞 넓은 길을 울
며 뛰며 뒹굴어도/ 그래도 넘치는 기쁨에 가슴이 미어
질 듯하거든/ 드는 칼로 이 몸의 가죽이라도 벗겨서/ 커
다란 북을 만들어 들쳐 메고는/ 여러분의 행렬에 앞장
을 서오리다./ 우렁찬 그 소리를 한 번이라도 듣기만 하
면/ 그 자리에 거꾸러져도 눈을 감겠소." **심훈**

하나님의 구원 섭리를 믿으며 우리의 삶의 자리에
구원의 날이 속히 오기를 기도하자.

액체에 묻어나는 구원

그러나 하나님의 말씀이 폐하여진 것 같지 않도다 이스라엘에게
서 난 그들이 다 이스라엘이 아니요 또한 아브라함의 씨가 다 그
의 자녀가 아니라 오직 이삭으로부터 난 자라야 네 씨라 불리리
라 하셨으니 곧 육신의 자녀가 하나님의 자녀가 아니요 오직 약
속의 자녀가 씨로 여기심을 받느니라 약속의 말씀은 이것이니 명
년 이 때에 내가 이르리니 사라에게 아들이 있으리라 하심이라
(9:6~9)

지금 사도에게는 고민이 있다. 이스라엘이 하나님께
로 나오지 않는다는 것, 선민 이스라엘이 구원을 받지 못
하는 것에 대해 깊이 고민한다. 그리고 그 고민 속에서 성
경적 해답을 얻는다.

첫째, 하나님은 약속하신 대로 반드시 이스라엘을 구
원하신다는 것이다. "하나님의 말씀이 폐하여진 것 같지
않도다" 이스라엘의 불신앙은 잠깐 있는 것으로 언젠가
구원을 받는다는 것이다. 눈앞에 벌어지는 상황과 상관없
이 하나님의 약속과 그 사랑을 믿기만 하면 구원을 받는
다는 믿음이다(히 11:6).

둘째, 택함을 받은 자만 구원받는다는 것이다. 이스

라엘 전체가 다 구원받는 것이 아니라, 택함을 받은 자만 구원받는다. 표면적 유대인이 아니라 이면적 유대인(롬 2:29), 곧 아브라함 자손 중 이삭에게서 난 '약속의 자녀'만 구원을 받는다. 구원은 언제나 하나님의 주도하에 먼저 언약이 있고, 그다음 각자 그 말씀을 믿어서 구원이 이루어지는 것이다(롬 1:17, 4:3).

그렇다면 오늘 우리의 할 일은 무엇인가? 흔히 기적을 일구는 세 가지 액체가 있다고 한다. 기도의 눈물과 수고의 땀과 희생의 피다. 우리가 할 일은 이 세 가지 액체를 흘리는 것이다. 한 영혼을 위하여, 가정을 위하여, 교회 부흥을 위하여, 민족의 구원을 위하여 묵묵히 땀과 눈물과 피를 흘릴 때 약속의 말씀대로 이루어짐을 보게 될 것이다.

하나님의 약속을 믿고 내 주변의 한 영혼, 한 영혼을 위해 힘써 눈물, 땀, 피를 흘리자.

한 가지 아는 것

> 그뿐 아니라 또한 리브가가 우리 조상 이삭 한 사람으로 말미암아 임신하였는데 그 자식들이 아직 나지도 아니하고 무슨 선이나 악을 행하지 아니한 때에 택하심을 따라 되는 하나님의 뜻이 행위로 말미암지 않고 오직 부르시는 이로 말미암아 서게 하려 하사 (9:10~11)

신학대학교 시절, 나는 성경에 이해되지 않는 문제들이 많아서 한 교수님께 따지듯이 물었다. 그러자 교수님은 넉넉한 웃음을 보이며 말씀하셨다. "솔직히 나도 성경을 다 몰라요. 다 이해도 안 되고요. 그래서 알 수 없는 내용은 억지로 알려고 하지 않아요. 알 수 있는 것부터 배워 가며 기다려요. 그러면 믿음이 자라는 것만큼 알게 되지요."

하나님의 예정과 선택, 이는 인간 이성으로는 다 이해할 수 없는 신비의 영역이다. 창세기를 보면 이삭의 아내 리브가는 쌍둥이 아들을 임신한다. 먼저 태어난 자가 에서이고, 뒤이어 나온 자가 야곱이다. 문제는 이들이 '아직 나지도 아니하고 무슨 선이나 악을 행하지 아니한 때' 하나님께서 야곱을 선택하고, 에서는 버리셨다는 것이다.

하나님의 선택 근거는 무엇인가? 사도는 '택하심을 따

라 되는 하나님의 뜻'이라고 말씀한다. 곧 하나님의 뜻에 의해 주도적으로 선택되었다는 것이다. "하나님은 자신의 능력으로 이들이 태어나기 이전에 이미 그들의 행위가 선택받기에 합당한 것인지 불합당한 것인지 알고"(칼뱅), 야곱은 선택하고 에서는 유기한 것이다.

오래전 예루살렘을 여행하던 때였다. 예수님께서 십자가를 지시기 전날 밤에 기도하셨다는 겟세마네 동산에 올랐다. 주께서 피땀 흘리며 기도하신 그 자리, 그곳의 한 올리브나무 가지에 작은 엽서가 하나 걸려 있었다. 거기에는 주의 뜻에 대한 함축적인 해답이 적혀 있었다.

"우리는 하나님의 뜻을 다 알 수 없다. 그러나 한 가지 분명히 아는 것이 있다. 하나님의 뜻이 선하다는 사실을!" **무명, 참고 눅 22:42**

알 수 없는 하나님의 뜻에 매달리지 말고, 이미 알고 있는 하나님의 뜻에 순종하자.

그래도 던지는 질문

리브가에게 이르시되 큰 자가 어린 자를 섬기리라 하셨나니 기록
된 바 내가 야곱은 사랑하고 에서는 미워하였다 하심과 같으니라
(9:12~13)

"내가 야곱은 사랑하고 에서는 미워하였다(말 1:2~3)."
이는 성경에서 가장 난해한 구절 중의 하나다. 하나님의
선하신 뜻에 따라 야곱을 선택하신 것이라고 해도, 여전
히 인간으로서 드는 의문이 있다. 어떻게 하나님이 애초
부터 에서를 미워할 수 있느냐는 것이다.

이는 하나님의 감정적 미움을 표현한 것이 아니다. 상
대적 표현으로 '덜 사랑한다'는 의미를 갖는다(마 10:37, 눅
14:26). 곧 하나님은 예지적 능력으로 그를 알았고, 덜 사
랑하여 선택하지 않은 것이다. 그래서 에서와 그의 후손
에돔은 구원에서 제외되었고, 그들의 죄로 말미암아 영원
히 형벌에 처하도록 두신 것이다.

그뿐 아니라 성경은 하나님의 구원 역사를 위하여 선
택된 유대 민족일지라도, 엘리 제사장과 사울 왕처럼 누
구든 유기될 수 있음을 경고한다(삼상 2:31, 15:23). 사랑과

미움으로 대조되는 하나님의 선택이 어느 민족에게도 적
용될 수 있음을 보여 주는 것이다.

그럼에도 도저히 이해할 수 없는 일이 하나 있다. 하나
님께서 나를 택하신 것이다. 때때로 난 하나님께 질문하
곤 한다. "왜 나 같은 죄인을 구원하셨나요?" "그냥, 네가
좋아서야." 할 말이 없다. 그저 감격, 감사뿐이다.

> "내가 너를 선택한 것은 너와 함께 별을 보고 싶었고, 너
> 와 함께 세상의 경이로움을 탐구하고 싶었고, 늘 생동감
> 있게 살고 싶어서란다." 그레고리 랭

이 은혜를 입은 자는 하루하루, 죽는 날까지 감사와 헌
신과 충성을 드려 하나님께 영광을 돌리는 삶을 산다. 아,
모든 것이 은혜다!

나를 택하신 하나님의 은혜를 헤아리며, 오늘도 하
나님께 감사와 헌신과 충성을 드리자.

긍휼의 은혜

그런즉 우리가 무슨 말을 하리요 하나님께 불의가 있느냐 그럴
수 없느니라 모세에게 이르시되 내가 긍휼히 여길 자를 긍휼히
여기고 불쌍히 여길 자를 불쌍히 여기리라 하셨으니 그런즉 원하
는 자로 말미암음도 아니요 달음박질하는 자로 말미암음도 아니
요 오직 긍휼히 여기시는 하나님으로 말미암음이니라 (9:14~16)

현대 선교의 아버지라 불리는 윌리엄 캐리, 그가 뇌졸
중으로 쓰러져 신음하고 있을 때 한 동역자가 물었다. "혹
회복하지 못한다면, 장례식 설교에 어떤 본문이 좋을까
요?" 그가 대답했다. "불쌍하고 죄 많은 피조물에게 무슨
장례식 설교가 필요합니까? 굳이 해야 한다면 이 말씀으
로 해 주세요. '하나님이여 주의 인자를 따라 내게 은혜를
베푸시며'(시 51:1)." 그리고는 묘비에 이렇게 새겨 달라고
부탁했다.

"비천하고 가난하며, 보잘것없는 자가 주님의 친절한 팔
에 안기다."

바울은 이스라엘이 선택되었음에도 구원을 받지 못하

고 도리어 완악하게 된 것은 어찌 된 일인지를 놓고 두 가지 가상의 질문을 던진다. 하나, 하나님의 약속이 폐기되었는가(6절)? 결코 그렇지 않다. 약속의 말씀을 믿음으로 받은 아브라함, 이삭, 야곱과 같은 '이면적 이스라엘'은 구원을 받았다. 둘, 하나님은 불의하신가(14절)? 결코 그렇지 않다. 모세가 십계명을 받으러 시내 산에 올랐을 때 그들의 반역을 보라. 이스라엘이 진멸되지 않은 것은, 오직 하나님의 긍휼 때문이다(출 33:19).

인간은 누구든 구원받을 자격이 없다. 구원받지 못하고 유기되는 것은 당연하고(내 책임이고), 구원을 얻는다면 전적인 하나님의 긍휼 때문이다.

> "주님의 사랑과 긍휼이 아침마다 새롭고, 주님의 신실이
> 큽니다." 애 3:23, 새번역

진멸되지 않고 긍휼의 은혜를 입은 자로서 오늘도 긍휼을 베풀며 겸손하게 살자.

가장 불쌍한 사람

성경이 바로에게 이르시되 내가 이 일을 위하여 너를 세웠으니 곧 너로 말미암아 내 능력을 보이고 내 이름이 온 땅에 전파되게 하려 함이라 하셨으니 그런즉 하나님께서 하고자 하시는 자를 긍휼히 여기시고 하고자 하시는 자를 완악하게 하시느니라 (9:17~18)

세상에서 가장 불쌍한 사람은 누구인가? 아마도 복음을 듣지 못하고 지옥에 가는 자라고 생각할지 모른다. 이보다 더 불쌍한 자가 있다. 복음을 듣고도 믿지 않아서 지옥에 가는 자다. 그런데 이보다 더 불쌍한 자가 있다. 하나님께 선택되어 쓰임받다가 버림받아 지옥에 가는 자다.

하나님은 이스라엘을 택하셔서 여호와 유일신 사상을 뿌리내리게 하셨다. 또 그 혈통에서 예수가 탄생하여 온 세상에 복음이 전파되는 기반이 되게 하셨으니 구원 역사의 차원에서 그들의 공로는 위대한 것이다. 그러나 이스라엘이 다 구원을 받은 것은 아니다. 완악하여 언약을 믿지 않으면 유기된다.

하나님은 모세와 바로를 선택하셨다. 그런데 모세는 긍휼히 여기고 바로는 완악하게 하셨다고 한다. 하나님께

서 악한 일을 하도록 바로를 부추기신 것인가? 그렇지 않
다. 하나님은 누구도 완악하게 하지 않으신다. 완악한 자
를 그냥 놔둔 것이다. 바로는 본래 완악한 자였다. 그는
열 가지 재앙 중 한두 가지만 보고도 회개하며 돌아서야
했다. 그런데 열 가지 재앙을 다 받고도 멈출 줄 몰랐다.
결국 그의 군대가 홍해에서 몰살하는 데까지 갔다. 하나
님께서 그를 완악하게 만든 것이 아니다. 단지 그의 완악
함을 내버려 두신 것이다(롬 1:24, 26, 28).

> "하나님 앞에서 주의 말씀에 따라 행동하고, 항상 거룩
> 하게 살아가는 자에게 복이 있습니다. 마음속 깊이 하나
> 님을 찾고 주의 가르침을 따르는 이는 항상 주께서 긍휼
> 히 여기십니다." **코넬리우스 벡커**

나는 하나님께 끝까지 쓰임받는 사람이 될 수 있도
록 겸손히 긍휼을 구하자.

순복하게 하소서

혹 네가 내게 말하기를 그러면 하나님이 어찌하여 허물하시느냐 누가 그 뜻을 대적하느냐 하리니 이 사람아 네가 누구이기에 감히 하나님께 반문하느냐 지음을 받은 물건이 지은 자에게 어찌 나를 이같이 만들었느냐 말하겠느냐 (9:19~20)

하나님의 주권과 선택을 이야기하다 보면 이런 질문이 나온다. 세 번째 가상의 질문이다(13일 참조). "바로가 하나님의 주권으로 선택되었다면, 어찌 그에게 책임을 물을 수 있는가?" 이에 대해 사도 바울은 질문자를 향해 '이 사람아' 하고 탄식하듯 호명하고 나서, 그것은 하나님에 대한 잘못된 태도라고 책망한다.

하나님에 대한 태도가 내 인생을 결정한다(삼상 2:30). 사람은 하나님을 판단할 자리에 있지 않다. 사람은 피조물이기에, 창조주이신 하나님을 판단할 수 없다. 이는 하나님을 만홀히 여기는 것이다. 사람은 언제나 피조물 본연의 자리로 돌아가야 한다. 하나님의 절대 주권을 인정하고, 겸손히 하나님의 긍휼을 구하며, 주의 뜻이 무엇인지 묻고, 순복해야 한다. 이것이 인간의 마땅한 도리다.

"당신께서 보시기에/ 가장 좋은 일을 제게 행하소서./ 제게 주기도 하시고 가져가기도 하소서./ 제 뜻을 당신 뜻에 맞춰 주소서./ 겸손하고 완전한 순종과 거룩한 확신 안에서/ 당신의 영원한 섭리를 따르게 하소서./ 우리 주 예수 그리스도를 통하여/ 주님께서 허락하시는 모든 일들에/ 감사하게 하소서." **블레즈 파스칼**

이해할 수 없는 모든 일에 하나님의 뜻을 묻고, 알 게 된 뜻에 기꺼이 순복하자.

내가 너를 빚었단다

토기장이가 진흙 한 덩이로 하나는 귀히 쓸 그릇을, 하나는 천히 쓸 그릇을 만들 권한이 없느냐 만일 하나님이 그의 진노를 보이시고 그의 능력을 알게 하고자 하사 멸하기로 준비된 진노의 그릇을 오래 참으심으로 관용하시고 또한 영광 받기로 예비하신 바 긍휼의 그릇에 대하여 그 영광의 풍성함을 알게 하고자 하셨을지라도 무슨 말을 하리요 이 그릇은 우리니 곧 유대인 중에서뿐 아니라 이방인 중에서도 부르신 자니라 (9:21~24)

성경은 하나님과 우리의 관계를 종종 '토기장이와 진흙'에 비유한다(사 29:16, 렘 18:6). 이 비유는 세 가지 사실을 말해 준다.

하나, 인간은 진흙으로 빚어진 존재이다(창 2:7). 그 속에 하나님의 형상이 있기에 가장 존귀한 존재이지만(창 1:31), 동시에 흙으로 된 존재기에 생명이 다하면 흙으로 돌아간다. 이는 인간의 존귀함과 한계를 보여 준다.

둘, 진흙의 쓰임은 토기장이에 달렸다. 귀한 그릇이든 천한 그릇이든 권한은 토기장이에게 달렸다. 그릇의 크기, 형태, 용도가 다 주인의 몫이다. 이는 인간의 존재와 가치도 창조주 하나님의 주권에 달려 있음을 보여 준다.

셋, 토기장이는 언제든 그릇을 다시 만들 수 있다. 즉 토기장이의 뜻에 따라 진노의 그릇도 '오래 참으심과 관용'의 은혜를 베풀어 구원할 수 있고(욘 3:10), 또 영광의 그릇도 고난으로 제련하여 더 귀한 그릇으로 재창조할 수 있다(벧전 1:5~7).

그러니 어떤 상황이든 불평하지 말라. 언제든 주 뜻대로 사용되도록 나를 드려라. 그리고 잊지 말라. 내가 본래 진흙이라는 것을, 하나님께서 나를 창조하셨다는 것을, 재림의 그날까지 나를 계속 빚어 가신다는 것을.

"나는 널 단 한순간도/ 사랑치 않은 적 없지/ 나는 널 단 한순간도/ 손에서 놓은 적 없지/ 나는 널 단 한순간도/ 눈에서 뗀 적도 없지/ 내가 너를 빚었단다/ 나는 너의 토기장이" **시와 그림**

나는 그저 진흙임을 고백하고, 주 뜻대로 쓰임받는 그릇이 될 수 있도록 기도하자.

이해할 수 없는 사랑 이야기

호세아의 글에도 이르기를 내가 내 백성 아닌 자를 내 백성이라, 사랑하지 아니한 자를 사랑한 자라 부르리라 너희는 내 백성이 아니라 한 그 곳에서 그들이 살아 계신 하나님의 아들이라 일컬음을 받으리라 함과 같으니라 (9:25~26)

여기, 이해할 수 없는 사랑 이야기가 있다. 도저히 사랑할 수 없는 사람을, 사랑해서는 안 되는 사람을 사랑하여 구원하는 초월적인 사랑 이야기다.

오래전 북이스라엘에 선지자 호세아가 있었다. 하나님은 그에게 창녀 고멜과 결혼하여 자식을 낳으라고 하셨다. 그녀는 결혼 후에도 음란하게 살며 자녀 셋을 낳는다. 첫아들은 '이스르엘'로 '긍휼이 여김을 받지 못하는 자'라는 뜻이다. 둘째 딸은 '로루하마'로 '용서받지 못한다'라는 뜻이다. 막내아들은 '로암미'로 '내 백성이 아니다'라는 뜻이다. 이는 당시 이스라엘의 상태를 보여 준다.

그런데도 하나님께서는 긍휼히 여김받지 못할 자, 용서받지 못할 자, 더는 내 백성이 아닌 자들을 긍휼히 여기며 사랑하여 자기 백성으로 삼으셨다. 어떻게 이런 일이 일어날 수 있을까? 하나님의 사랑은 정말 이해하기 어렵다.

아, 그런데 이게 웬일인가? 고멜, 이스르엘, 로루하마, 로암미가 이전의 바로 나 자신, 내 삶의 모습이 아니던가? 그럼에도 하나님은 나를 긍휼히 여겨 그리스도 안에서 자녀 삼으신 것이다. 있을 수 없는 사랑이 내게도 부어진 것이다. 이 하나님의 사랑을 알고, 받은 자는 오늘 어떤 상황에서든 감사하며 만족하고 그 사랑을 노래하며 산다(눅 1:48).

"세상을 창조하시기 전에, 아담에게 숨을 불어넣으시기 전에 이미 하나님은 우리를 알고 사랑하셨다. 하나님은 마치 세상에 사랑할 대상이 우리 한 명뿐인 것처럼 우리를 사랑하신다." **데스몬드 투투**

고멜과 같은 나를 도리어 사랑하고 구원해 주신 하나님께 감사의 찬양을 드리자.

창조적 소수

> 또 이사야가 이스라엘에 관하여 외치되 이스라엘 자손들의 수
> 가 비록 바다의 모래 같을지라도 남은 자만 구원을 받으리니 주
> 께서 땅 위에서 그 말씀을 이루고 속히 시행하시리라 하셨느니라
> (9:27~28)

영국의 역사학자 아놀드 토인비는 인류 역사가 '창조
적 소수'에 의해 주도되었다고 말했다. 하나님의 구원 역
사 또한 창조적 소수, 곧 하나님께서 택하신 '남은 자'에
의해 이어진다. 하나님은 시대마다 남은 자를 두셔서 구
원을 이끄셨다. 홍수 심판 때는 노아를, 소돔과 고모라 심
판 때는 롯을, 엘리야 시대에는 7천 명을 남은 자로 두셨
다. 바벨론 포로 시대에는 다니엘, 스룹바벨, 에스라, 느
헤미야 그리고 성전 재건을 위한 귀환자를 남기셨다.

선지자 이사야는 앗수르에 의해 멸망한 이스라엘 중
에도 남은 자가 구원받을 것임을 예언했다(사 10:21). 사도
바울은 이를 인용하여 유대인의 구원이 더는 민족 단위로
이뤄지지 않을 것임을 시사한다. 단지 야곱의 자손, 유대
인이라는 이유로 구원을 얻지 못한다는 것이다.

사실 남은 자도 죄인이다. 즉 남은 자가 의로워서가 아니라, 하나님께서 구원 역사를 이루기 위해 남긴 것이다. 왜 하필 저 사람이냐고 불평할 수 있다. 그러나 이는 하나님의 절대 주권이요, 은혜이다. 남은 자, 그는 '오직 은혜'로 구원을 얻었다. 자랑할 것이 없다. 교만해서는 안 된다.

남는 자가 해야 하는 일은 두 가지뿐이다. 나를 남은 자로 택하신 하나님께 감사하며 '예배'하는 것과 그 사랑을 온 세상에 전하고 나타내며 '섬김'으로 사는 것이다. 그가 바로 이 시대의 '창조적 소수'다.

"크리스천은 훈련, 숙련, 섬김으로/ 위대한 힘의 소유자가 되어야 한다./ 그러나 세상은 우리가 말없이/ 남모르게 행동하기 때문에/ 아주 평범한 사람으로 볼지도 모른다." **스캇 펙**

하나님 나라를 이루어 가는 창조적 소수로서 오늘 한 사람을 택하여 사랑으로 섬기자.

남은 자의 사명

또한 이사야가 미리 말한 바 만일 만군의 주께서 우리에게 씨를
남겨 두지 아니하셨더라면 우리가 소돔과 같이 되고 고모라와 같
았으리로다 함과 같으니라 **(9:29)**

소돔과 고모라는 죄악으로 인해 멸망당한 구약의 대
표적인 성읍이다(신 29:23). 사도 바울은 이사야의 글을 인
용하여, 거룩한 선민이라고 자처하는 유대인의 죄악상도
사실 그들과 별다를 바 없어 벌써 멸망해야만 했다고 말
씀한다. 그러나 하나님께서 긍휼을 베풀어 진멸하지 않으
시고 '거룩한 씨'를 남은 자로 두셨다(사 6:13).

씨앗은 생명의 보존체다. 봄에 농부가 밭에 씨를 뿌리
면, 그 안의 생명이 싹을 내고, 줄기를 내어 가을에 풍성
한 결실을 맺게 된다. 이렇듯 남은 자는 이스라엘의 씨앗
이다. 소망 가운데 믿음으로 인내하면 결국 이스라엘 회
복의 날이 도래할 것이다.

믿음으로 구원받은 우리는 이 시대의 남은 자다. 하나
님께서 남겨 두신 이 땅의 거룩한 씨앗들이다. 어둠과 절
망의 땅에서 죽어 가는 이들에게 소망이 무엇인지, 그 소

망이 어디서 오는지를 보여 주는 거룩한 씨앗들이다. 세상 모든 피조물이 탄식하는 이 땅에서 예수 생명이 무엇인지, 그 생명의 풍성함이 어떤 것인지 보여 주고 전하는 거룩한 씨앗들이다. 이것이 남은 자의 필생의 사명이요, 인생 최고의 행복이다. 그렇다면 하나님께서는 나를 오늘 어느 자리에 두셨는가? 그곳에서 생명의 싹을 틔우고 있는가?

하나님의 거룩한 씨앗으로서 나의 사명이 무엇인지 정리하고, 그것을 글로 써 보자.

부딪치는 돌

> 그런즉 우리가 무슨 말을 하리요 의를 따르지 아니한 이방인들
> 이 의를 얻었으니 곧 믿음에서 난 의요 의의 법을 따라간 이스라
> 엘은 율법에 이르지 못하였으니 어찌 그러하냐 이는 그들이 믿음
> 을 의지하지 않고 행위를 의지함이라 부딪칠 돌에 부딪쳤느니라
> (9:30~32)

말년에 반 고흐는 주로 자화상을 그렸다. 그는 죽기 전
마지막 자화상을 완성하고 나서 이렇게 말했다. "내 자화
상은 그대로 하나의 거대한 거짓말이었다."

고흐만이 아니다. 우리의 말과 글, 삶도 하나의 거대한
거짓말이 아니던가. 이렇게 계속 거짓과 불의 가운데 살
면 양심이 강퍅하게 되어 복음에 부딪치는 돌이 되고, 구
원에서 떠나게 된다. 가난하고 애통하는 마음으로 날마다
새롭게 하나님 앞에 서야 한다. 이것이 살길이다.

"그런즉 우리가 무슨 말을 하리요" 이는 사도의 네 번
째이자 마지막 질문이다. 지금까지 논의해 온 바, 이스라
엘과 이방인의 구원에 관한 결론을 이끄는 자문(自問)이
다. 택함받은 이스라엘은 율법을 좇아 의롭게 되고자 했
으나 불행하게도 의에 이르지 못하고 버림받았다. 그러나

타락한 이방인은 믿음으로 말미암아 의롭게 되어 구원에
이르렀다(롬 3:24, 28, 30).

　이는 전적으로 하나님의 주권적 섭리이다. 이제는 이
론의 여지가 없다. 더는 이신칭의의 복음이 이스라엘 사
람들에게 '부딪치는 돌', 곧 저주와 심판의 돌이 되지 않기
를 바란다(사 8:14, 28:16, 벧전 2:8). 무엇보다 나의 삶에 부
딪치는 돌이 되지 않기를 소망하며 이렇게 간구한다.

> "제가 하는 생각과 말과 행동이 오직 주님에게만 보이기
> 위한 것이 되게 하소서. 더는 주님에게 부딪치는 돌이
> 되지 않고, 그리스도의 말과 뜻을 온전히 따르는 자 되
> 게 하소서. 주님은 나의 반석, 나의 구원이십니다."

나는 복음의 걸림돌이 되어 부딪친 적이 없는지 돌
아보고, 회개하여 돌이키자.

구원의 반석

> 기록된 바 보라 내가 걸림돌과 거치는 바위를 시온에 두노니 그
> 를 믿는 자는 부끄러움을 당하지 아니하리라 함과 같으니라
> (9:33)

오래전 나는 아들을 낳고 이름을 '반석'이라고 지었다. 베드로 같은 믿음의 사람이 되라고, 반석이신 그리스도와 함께 동행하라고, 반석 같은 믿음 위에 그리스도의 교회를 세우는 사람이 되라고, 기도의 염원을 담아 지었다.

성경에서 '돌'은 종종 그리스도를 상징한다. '부딪치는 돌'(32~33절)은 마음이 완고한 자들이 그리스도를 믿지 않고, 도리어 걸려 넘어져 구원에서 떨어지는 것을 말한다. 또 다니엘에 나오는 '뜨인 돌'(단 2:34)은 세상의 심판자이신 그리스도를 상징한다. 시편에 나오는 '버린 돌과 모퉁이 머릿돌'(시 118:22)은 십자가에 버려졌으나 도리어 구원자가 되신 그리스도를 뜻한다.

그렇게 보면 '시온에 두신 바위'는 사실 구원의 반석이다. 그러나 유대인에게는 이것이 걸림돌, 거치는 돌이 되었다. 그들은 믿음의 의가 아니라 율법의 의를 좇으므로

그리스도를 십자가에 못 박았고 스스로 저주와 멸망 가운데 처하게 되었다. 그 결과 이제 십자가를 믿는 자는 이방인이든 유대인이든 누구나 시온의 반석에서 구원을 누리게 되었다(시 95:1, 고전 1:18, 23).

이제야 깨닫는다. 먼 세월을 돌아 지금 생각해 보니, 아들보다 내가 반석이 되어야 했다. 아니, 내가 날마다 구원의 반석을 노래하고 기뻐해야 했다. 구원의 반석을 노래하는 것이 나의 설교요, 목회여야 했다. 그래서 가만히 구부려 이렇게 기도할 뿐이다.

"주님, 이제야 알겠습니다. 잘하려고 하지 않겠습니다. 큰일하려고 하지 않겠습니다. 성공하려고 하지 않겠습니다. 그보다는 먼저 구원의 반석이신 주님을 즐겨 노래하겠습니다."

나는 구원의 반석이 되어 주시는 그리스도 위에 서 있는지 확인하고 주님을 찬양하자.

사랑이 부어진 소망

형제들아 내 마음에 원하는 바와 하나님께 구하는 바는 이스라엘
을 위함이니 곧 그들로 구원을 받게 함이라 (10:1)

"세상은 참 아름답습니다. 저는 세상이 잡스럽고 더럽고
악한 줄로만 알았습니다. 그런데 그게 아니었습니다.
진정 세상은 아름답다는 사실을 이제야 깨닫습니다. 이
제 저는 회개하고 그리스도인이 되었습니다. 그러나 부
끄럽고 유감스러운 것은, 너무 늦게 깨달았습니다. 늦어
도 너무 늦었습니다." **한 사형수의 편지**

전도는 한 영혼을 살리는 위대한 일이다. 그런데 전도
를 하다 보면 거절이나 멸시나 핍박을 받을 때가 많다. 그
럼에도 낙심하지 않고, 어떻게든 복음을 전하는 전도자가
있다. 사도 바울이 그랬다. 그는 유대인들로부터 말로 다
할 수 없는 위협과 핍박과 고난을 당했다(고후 11:23~27).
그럼에도 포기하지 않았다. 여기서 우리는 전도자의 두
가지 태도를 살펴볼 수 있다.

첫째로 절대 실망하지 않는다는 것이다. 나 같은 죄인을 구원하신 하나님께서 그도 언젠가는 구원하실 것이라고 믿기 때문이다. 곧 주권적인 구원 섭리를 믿는 것이다. 둘째로 누구든 함부로 대하지 않는다는 것이다. 그가 지금은 어둠에 잡혀 완악하더라도 본래는 천하보다 귀한 영혼이기에 긍휼과 온유로 대하는 것이다(창 1:27).

하지만 무시하고 핍박하는 그를 향한 끊기지 않는 소망과 온유는 그냥 가질 수 있는 것이 아니다. 어떻게 가능한가? 이것은 죄인인 나에게서 나오지 않는다. 성령께서 내 안에 사랑을 부어 주실 때 가능하다(롬 5:5, 고전 13:7). 오직 성령을 의지할 때에만 가능한 것이다.

믿지 않는 한 영혼을 택하고, 성령이 부어 주시는 사랑으로 친절하게 섬기자.

전도자의 기도

> 형제들아 내 마음에 원하는 바와 하나님께 구하는 바는 이스라엘을 위함이니 곧 그들로 구원을 받게 함이라 (10:1)

'복음을 전파하라'라는 말씀에 순종하더라도, 전도를 내 능력만으로 할 수 있는 것은 아니다. 성령께서 앞서가셔서 그의 마음 문을 여셔야만 된다(행 16:14). 그래서 전도에서 가장 우선적이고 중요한 것은 기도이다. 한 영혼의 구원을 위해 기도하는 것으로 전도는 시작되고 열매 맺게 된다.

사도 바울은 이스라엘이 복음에 거침돌이 되어 구원받지 못한 것에 대해 심한 안타까움을 드러냈다. 그러나 그것으로 포기하지 않는다. '내 마음에 원하는 바', '하나님께 구하는 바'는 마음에서부터 우러나오는 끊어지지 않는 소망과 하나님을 향한 절박한 간구를 보여 준다. 곧 자신이 저주를 받아 지옥에 갈지라도 그는 동족에 복음 전하길 원하는 것이다(롬 9:3).

사실 전부터 바울은 기회가 있을 때마다 동족에게 복

음을 전했다. 그들이 완악하여 거절하자, 어쩔 수 없이 이
방인의 사도로 나선 것이다(행 13:46). 그럼에도 사도는 포
기하지 않았다. 자신을 핍박하는 그들의 구원을 위해 생
명을 바쳐 기도했다. 기도할 때에만 하나님의 사랑으로
충만해져 그들을 향한 소망과 온유를 이어 갈 수 있기 때
문이다.

"우리가 기도하면 사랑할 수 있고, 사랑하면 비로소 봉
사할 수 있을 것입니다." **마더 테레사**

누군가를 전도하기 전에, 먼저 기도로 내 안에 주의
사랑이 가득 채워지기를 구하자.

아름답고 복된 삶

내가 증언하노니 그들이 하나님께 열심이 있으나 올바른 지식을
따른 것이 아니니라 (10:2)

　　로마서 10장은 이스라엘 백성이 왜 구원에서 떨어졌
는지, 그 이유를 설명하는 것으로 시작한다. 그것은 한마
디로 '지식 없는 열심' 때문이었다. 올바른 지식이 없기에
종교적 열심, 자기 의로 구원에 이른다고 믿었다.

　　본래 열심(熱心)은 좋은 것이다. 열심이 없으면 되는
일도 없고, 할 수 있는 일도 없고, 이루어지는 일도 없다.
세상 모든 일이 열심에서 시작되고, 열심에서 성취된다.

　　기독교의 구원은 오직 은혜, 오직 믿음으로 받는다. 은
혜와 믿음은 곧바로 열심을 불러일으킨다. 그 열심에서
신앙 진전과 성숙, 교회 부흥과 하나님 나라의 확장이 이
루어지는 것이다. 하나님의 사람은 누구든 그 안에 성령
이 부어 주신 열심히 있어 구원의 푯대를 향하여 '달음박
질'하게 된다(롬 12:11, 고전 9:24).

　　그러나 열심만 가지고는 안 된다. '올바른 지식'이 더

해져야 한다. 지식 없는 열심은 아주 위험하다. 주관적인 자기 의에 빠져서 결국 맹신, 광신이 된다. 이전의 바울도 그랬다. 그는 열심은 있으나 지식이 없어 교회를 핍박했다(행 9:1). 올바른 지식이 있을 때 그 열심이 더 확고한 믿음으로, 더 뜨거운 사랑으로, 더 순전한 헌신으로 나타나 하나님 앞에 아름답고 복된 삶으로 열매 맺게 된다.

"주님은 저의 참 지식입니다. 그 지식이 빛이요 생명입니다. (중략) 주님만이 영원하며 유일한 지식의 하나님, 무궁한 행복의 원천인 지식의 하나님이십니다." **칼 라너**

나에게도 믿음에 따르는 열심과 올바른 지식의 균형이 있기를 구하자.

구원을 주는 지식

하나님의 의를 모르고 자기 의를 세우려고 힘써 하나님의 의에
복종하지 아니하였느니라 (10:3)

인생에서 참으로 중요한 것이 삶의 목적과 방향을 정하는 것이다. 방향이 잘못되면 열심히 하면 할수록 잘못된 결과를 맞는다. 바른 방향을 정하려면 무엇보다 구원에 대한 올바른 지식이 있어야 한다. 그래야 실패와 후회를 줄일 수 있고, 의롭고 보람된 생을 살 수 있다.

이스라엘이 구원받지 못한 것은 잘못된 지식 때문이었다. 그들이 가졌어야 할 올바른 지식이란 무엇인가? 첫째, 그리스도를 믿음으로 얻는 구원이다. 유대인은 율법 준수, 곧 자기 의로 인해 구원을 얻고자 했다. 그러나 인간의 의로는 구원에 이를 수 없다. 오직 이신칭의의 은혜로 구원을 얻는 것이다.

둘째, 그리스도의 덕이 나타나는 구원이다. 유대인은 자기 의를 세우려고 했기에 그것이 도리어 무거운 짐과 속박, 외식을 가져다주었다. 그러나 믿음으로 인한 구원

은 은혜와 성령의 임재로 말미암아 '완전한 사랑'의 덕이 나타난다(마 22:37~40, 요일 4:11).

셋째, 그리스도의 영광이 나타나는 구원이다. 자기 의는 결국은 과시, 자랑, 교만, 비판, 무례, 독선 등으로 추락하고 만다. 그러나 믿음으로 인한 구원은 내가 아니요, 은혜로 된 것이니 그저 하나님께 감사와 영광을 돌린다(롬 4:20, 11:36). 이렇듯 올바른 지식을 가지고 그리스도께서 가신 방향으로 가야 한다. 거기에 우리의 희망이 있다.

"오 주님, 주님께로 향한 우리의 발걸음이 그 무엇에도 중단되지 않게 하소서. 이 세상의 위험한 미로와 이 땅 순례의 모든 길에서 당신의 거룩한 말씀이 우리의 삶의 지도가 되게 하시고, 당신의 거룩한 영이 우리의 안내자가 되게 하소서." **존 웨슬리**

나는 바른 방향으로 걷고 있는지 점검하고, 구원의 바른길로 가도록 기도하자.

다 이루었다

그리스도는 모든 믿는 자에게 의를 이루기 위하여 율법의 마침이
되시니라 (10:4)

"다 이루었다! 이제 죽어도 여한이 없다." 임종의 순간
에 이렇게 말할 수 있다면, 그는 인생 승리자다. 과연 이것
은 가능한 일일까? 이렇게 말하려면 세 가지가 있어야 한
다. 하나, 죽을 때까지 평안해야 한다. 둘, 죽을 때까지 사
랑해야 한다. 셋, 죽을 때까지 사명을 감당해야 한다. 그런
데 놀랍게도 그리스도께서 우리에게 이런 은혜를 주신다.

율법은 크게 세 가지로 되어 있다. 의식법, 도덕법, 계
시법이다. 의식법은 죄 사함을 얻는 각종 규례로, 제사와
연관된 법이다. 도덕법은 하나님과 인간관계에서 지켜야
하는 많은 규례로, 대표적인 것이 십계명이다. 계시법은
하나님의 뜻이 무엇인지 가르쳐 주는 것으로, 메시야 예
언이다. 이 율법들은 예수 안에서 하나가 된다.

먼저 의식법은 예수 십자가의 속량으로 말미암아 더
는 소용없게 되었다. 그리스도가 율법의 마침이 된 것이

다. 또한 도덕법의 핵심은 하나님 사랑과 이웃 사랑인데 십자가에서 완전한 사랑이 나타났다(요 3:16, 요일 4:10). 그리스도가 율법의 완성이 된 것이다. 그리고 율법의 근본은 계시의 말씀과 뜻이 이뤄지는 것인데, 예수 십자가로 하나님의 구원 역사가 그대로 다 이루어졌다. 그리스도가 율법의 성취가 된 것이다(마 5:17). 그래서 예수께서는 십자가에서 선언하신 것이다. "다 이루었다!"(요 19:30)

십자가는 하나님의 의로, 십자가 속량을 믿고 회개하는 우리는 언제든 평안을 누릴 수 있다. 십자가는 하나님의 사랑으로, 그 사랑의 능력으로 우리는 누구든 사랑할 수 있게 된다. 십자가는 하나님의 구원으로, 나는 죽고 내 안에 거하시는 그리스도와 함께 우리는 나만의 사명의 길을 가게 된다. 결국은 십자가로 평안, 사랑, 사명을 다 이루는 것이다.

인생 승리를 위한 핵심 단어(평안, 사랑, 사명)를 기억하고, 십자가 은혜를 구하자.

가장 즐겁고 복된 일

모세가 기록하되 율법으로 말미암는 의를 행하는 사람은 그 의로 살리라 하였거니와 믿음으로 말미암는 의는 이같이 말하되 네 마음에 누가 하늘에 올라가겠느냐 하지 말라 하니 올라가겠느냐 함은 그리스도를 모셔 내리려는 것이요 혹은 누가 무저갱에 내려가겠느냐 하지 말라 하니 내려가겠느냐 함은 그리스도를 죽은 자 가운데서 모셔 올리려는 것이라 **(10:5~7)**

"예수 따라가며 복음 순종하면/ 우리 행할 길 환하겠네./ 주를 의지하며 순종하는 자를/ 주가 늘 함께하시리라./ 의지하고 순종하는 길은/ 예수 안에 즐겁고 복된 길이로다." **J. H. 셈미스, 찬송 449장**

간혹 신앙생활을 참 버겁게 하는 이들을 만난다. 예수 믿는 일은 절대 어렵고 힘든 일이 아니다. 만약 예수 믿고 따르는 일이 어렵고 힘들다면 그것은 은혜로, 성령으로 믿지 않고, '예수 종교'를 믿기 때문이다. 기독교 믿음은 율법의 의를 행하는 것이 아니다. 아무리 선행과 봉사를 많이 해도 그것은 인간의 의에 불과하기에 구원을 받을 수 없다.

구원을 위해서는 애쓰고 수고할 필요가 전혀 없다. 어떤 종교적 행위, 신비한 이적도 필요 없다. 그리스도를 모셔 오려고 하늘에 올라가는 수고를 할 필요도 없고, 죽은 그리스도를 살리기 위해 무저갱에 내려갈 필요도 없다. 이미 하나님께서 다 이루셨기 때문이다.

이 사실을 그냥 믿으면 된다. 십자가 속량을 믿는 것으로 충분하다. 예수 십자가로 다 이루셨다. 우리는 오직 믿음으로 구원을 받고, 은혜에 감사하면 된다. 그러면 내 안에 성령께서 역사하셔서 즐겁고 복되고 가치 있는 생을 살게 되는 것이다. 누가 나에게 왜 예수를 믿느냐고 묻는다면, 난 자신 있게 대답할 수 있다. "칠십 평생 살아오면서 예수 믿는 것보다 더 즐겁고, 복되고, 가치 있는 것을 난 알지 못하기 때문입니다."

예수 믿는 일이 왜 즐겁고 복된 일인지 글로 정리하고, 주변 사람에게 나누어 보자.

구원의 확신

그러면 무엇을 말하느냐 말씀이 네게 가까워 네 입에 있으며 네 마음에 있다 하였으니 곧 우리가 전파하는 믿음의 말씀이라 네가 만일 네 입으로 예수를 주로 시인하며 또 하나님께서 그를 죽은 자 가운데서 살리신 것을 네 마음에 믿으면 구원을 받으리라 사람이 마음으로 믿어 의에 이르고 입으로 시인하여 구원에 이르느니라 (10:8~10)

기독교는 타 종교와는 달리 구원의 확신이 있다. 이 확신은 주관적인 것이 아니라 약속의 말씀, 곧 성경에 근거한 확신이다. 구원의 확신은 또 다른 확신으로 이어진다. 죄 사함의 확신(롬 3:24), 하나님 자녀 됨의 확신(요 1:12), 기도 응답의 확신(요 14:13~14), 임마누엘의 확신(요 14:16), 영생의 확신이다(요 3:16). 이는 구원의 확신에서 이어지는 엄청난 영적 보너스다.

어떻게 구원의 확신을 가질 수 있는가? ① 예수를 주(主)로 시인하라. 예수께서 구원자이심을 인정하고, 나의 주 하나님이심을 믿는다. ② 예수 십자가와 부활을 믿어라. 이는 예수께서 왜 나의 주 하나님이신가를 고백하는 것이다. 곧 내 죄를 속량하기 위하여 십자가에 죽으시고 부활하셔서 오늘 나와 함께 계시기에 나의 주 하나님이심을 믿는다. 특히 십자가와 부활 믿음은 그리스도와 함께 죽고 함께 사는 동행 신앙과 영생 신앙으로 이어진다. ③ 마음으로 믿어라. 신앙고백은 마음에 먼저 뿌리를 내려야 한다. 마음에서부터 굳게 믿어야 거짓 되지 않은 견고한 신앙이 된다. ④ 입으로 시인하라. 입술의 고백은 마음에 품은 믿음의 표현이요, 선언이다. 마음속 믿음을 입으로 시인할 때 비로소 구원의 확신이 밀려든다(마 16:16~17).

기독교 믿음의 여정은 예수에 대한 신앙고백으로 시작한다. 신앙고백과 구원의 확신이 없다면 그는 아직 크리스천이 아니거나 그의 믿음은 죽은 것이다.

나에게 구원의 확신이 있는지 돌아보고, 사도신경을 근거로 내 신앙을 점검하자.

신앙고백의 네 단계

성경에 이르되 누구든지 그를 믿는 자는 부끄러움을 당하지 아니하리라 하니 (10:11)

2차 세계대전 때 반전운동 지도자로 활동했던 가가와 도요히코의 일화이다. 엄혹한 시기 천황에게 불려 가 반전운동을 중단하라고 회유당할 때 그는 담대히 말했다.

"그것은 불가합니다. 저의 몸에 흐르는 피는 죄로 가득 찬 더러운 피였습니다. 어머니도 할머니도 천한 기생이었습니다. 그런데 예수님께서 오셔서 저를 구원해 주셨습니다. 저는 폐결핵 3기로 살아날 가능성이 없었으나 예수님께서 고쳐 주시고 변화시켜 주님의 도구로 사용하십니다. 예수님은 온 땅의 평화의 주이십니다. 전쟁을 그치셔야 합니다."

믿음의 고백은 네 단계로 이어져야 한다. 1단계, 마음의 고백이다. 신앙고백은 마음에서 우러나와야 한다. 마음에서 나오는 고백이 거짓되지 않은 진실한 고백이다. 2단계, 입의 고백이다. 마음에 품은 믿음을 입으로 고백해야 스스로 믿음을 확인하고, 확신이 선다. 3단계, 세례의 고백이다. 세례는 공적 신앙고백인 동시에 교회 공동체에 속하는 것이다. 또한 나는 죽고 내 안에 그리스도가 사시는 주님과의 연합의 고백이다. 4단계, 증인의 고백이다. 내가 사는 삶의 자리와 일터에서 그리스도인임을 고백하고, 예수는 그리스도이심을 전하는 것이다.

이런 네 단계 신앙고백이 있을 때 우리의 믿음은 견고해진다. 온갖 시험 앞에서 아주 넘어지지 않고 크리스천으로서 부끄러움을 당하지 않는다. 결국 신앙고백으로 모든 시험을 넉넉히 이기는 것이다(마 16:18, 요일 5:4). "예수는 그리스도, 나의 주 나의 하나님이십니다!"

내 믿음의 고백은 어느 단계인가? 삶의 자리에서 말과 행동으로 신앙고백을 하자.

충만한 그리스도의 부요

유대인이나 헬라인이나 차별이 없음이라 한 분이신 주께서 모든 사람의 주가 되사 그를 부르는 모든 사람에게 부요하시도다 (10:12)

"누구네 집일까,/ 누구네 집인지도 모르는/ 그 담장 너머의/ 아침의 수세미꽃/ 샛노란 빛깔이/ 너무나 연연했다./ 주여, 아침 하늘처럼/ 맑게 개인 마음으로/ 아름다운 것을/ 아름답게 볼 수 있는/ 지금의 나의 눈을/ 축복하여 주옵소서./ 주여/ 당신의 은혜로움이/ 땅속에서 하늘 꼭지까지/ 충만한/ 지금의 이 순간을/ 영원한 나의 시간이/ 되게 하옵소서." **박목월**

우리는 예수 십자가와 부활을 믿는다. 예수가 그리스도이심을 믿는다. 예수가 나의 주 나의 하나님이심을 믿는다. 이 믿음에는 차별이 없다. 예수는 모든 믿는 자에게 그리스도 주가 되신다. 주를 부르는 모든 이를 부요하게 하신다. 주께서 주시는 부요는 깨달음의 부요, 임마누엘의 부요, 나눔의 부요이다.

깨달음의 부요는 모든 것을 믿음의 눈으로 보기에 일
상의 작은 것에서 깨달음과 신선함, 만족함, 행복감을 누
리는 것이다(시 103:5). 임마누엘의 부요는 내 안에 거하시
는 그리스도 영, 성령으로 말미암아 곤고와 시련 속에서
도 자족하며 감사하고, 그리스도의 충만을 누리며 그날에
나타날 영광을 소망하는 것이다(고후 6:10). 나눔의 부요는
그리스도께 받은 구원의 은혜를 이웃에게 삶으로 보여 주
고, 그 풍성을 나누고 전하는 것이다(빌 4:18).

그리스도께서 베푸시는 이 놀라운 부요에는 차별이
없다. 오늘 나도 누릴 수 있는 충만한 은혜요, 축복이다.
"예수를 가진 자가 모든 것을 가진 자이다!"

주님께서 내게 베푸신 부요를 헤아려 보고 감사하
며 이웃에게 나누어 보자.

놀라운 주의 이름

누구든지 주의 이름을 부르는 자는 구원을 받으리라 (10:13)

"'아버지'/ 그 이름만으로도/ 우리 가족에겐/ 하늘이다./ 우리는 날개를 펴고/ 마음대로 날 수 있는 새들이다./ '어머니'/ 그 이름만으로도/ 우리 가족에겐/ 보금자리다./ 우리는 날개를 접고/ 포근히 잠들 수 있는 새들이다." **엄기원**

우리에게 구원을 주는 좋은 이름이 있다. 예수 임마누엘 그리스도이다. 이 이름만으로도 우린 구원이다. 이 이름은 셋이지만 하나다. '예수'는 성육신하신 한 인간의 이름이다(마 1:21). '임마누엘'은 하나님이 하실 일을 드러내는 신적인 이름이다(마 1:23). '그리스도'는 구원자를 뜻하는 직분적 이름이다(마 1:16). 이 셋은 하나다. 곧 예수 임마누엘 그리스도이다.

그렇다면 주의 이름을 부른다는 것은 어떤 의미인가?

하나, 예수 이름을 믿어라. 다른 이름으로는 구원을 얻을 수 없다. 오직 예수만이 죄와 죽음에서 우리를 구원하신다(행 4:12).

둘, 예수 이름으로 기도하라. 예수로 구원받고 하나님 자녀가 되었기에 우리는 예수 이름으로만 하나님 아버지께 나아갈 수 있다(요 14:13~14).

셋, 예수 이름에 합당하게 살아라. 예수 이름으로 구원받은 자답게 무엇에든지 경건하게 충실하게 사랑스럽게 살아 하나님께 영광을 돌리는 것이다(고전 10:31, 빌 4:8~9).

넷, 예수 이름을 전하라. 예수만이 구원이고, 세상의 희망이기에 우리는 주의 이름을 한 개인에서 시작하여 온 나라 민족 땅끝까지 전해야 한다(마 28:18~20, 행 1:8).

구원자 예수, 그 이름으로 기도하고, 그 이름을 찬양하고, 그 이름에 합당하게 살자.

로마서 365

8

세상 품는 바다

8월

열기가 하늘까지 차고 넘치는 날에

바다가 보고 싶었다.

바다는 언제나

넉넉한 마음으로 거기에 있었다.

옹졸한 가슴 바다에 담그면

온 세상 우주를 품은

그분의 가슴이 그득히 밀려온다.

이 신비는 이방인의 충만한 수가 들어오기까지
이스라엘의 더러는 우둔하게 된 것이라(롬 11:25)

♥ 빈 의자는 나와 함께하시는 그리스도를 뜻한다.

좋은 소식을 전하는 이

그런즉 그들이 믿지 아니하는 이를 어찌 부르리요 듣지도 못한 이를 어찌 믿으리요 전파하는 자가 없이 어찌 들으리요 보내심을 받지 아니하였으면 어찌 전파하리요 기록된 바 아름답도다 좋은 소식을 전하는 자들의 발이여 함과 같으니라 (10:14~15)

한 크리스천 기업 회장의 간증이다. 그는 고등학교 1학년 때 구원의 확신을 얻었다. 확신이 생기니 믿지 않는 어머니가 지옥 갈 것이 확실했다. 그래서 전도했으나 단호히 거절했다. 고2 여름방학 때 그는 단식 투쟁에 들어갔다. 금식하며 복음을 제시했으나 별 반응이 없었다.

금식 3일째가 되자 크게 걱정하며 "제발 밥을 먹어라"라고 하소연했다. "어머니가 저보다 먼저 돌아가실 것이고, 지옥 간다는 것을 아는데 제가 밥이 넘어가겠어요." 결국 그의 어머니는 교회에 나갔고, 2년 후에 구원의 확신을 얻었다. "이제 죽어도 천국 가겠다. 아들아, 고맙다."

참 놀라운 구원의 역사 아닌가? 한 사람이 구원받으려면 주의 이름을 불러야 한다. 주의 이름을 부르려면 믿음이 있어야 한다. 믿음이 있으려면 들어야 한다. 들으려면 누군가가 전해야 한다. 이를 시간적 순서로 재구성하면 이러하다. 믿은 자의 순종 → 복음 전파 → 복음 들음 → 믿음 생김 → 주의 이름을 부름. 시작점은 믿은 자의 순종이다.

먼저 믿은 우리는 오늘 전해야 한다. 왜 그런가? ① 예수가 구원이요, 세상의 소망이기 때문이다(롬 1:16). ② 내가 전하지 않으면 그들이 저주받고 지옥에 가기 때문이다(롬 9:3). ③ 내가 전하지 않아 믿지 않았다면 그 책임이 내게 있기 때문이다(고전 9:16). ④ 먼저 믿은 우리도 복음의 빚진 자이기 때문이다(롬 1:14). ⑤ 하나님 나라의 확장과 그리스도 재림을 준비해야 하기 때문이다(마 24:14).

"하나님이 계시다는 것을 믿게 된 순간, 오직 그분만을 위해서 사는 것 외에 다른 길은 없다는 것을 알았다." 샤를 드 푸코

오늘 하루 복음 전파의 긴박성과 책임감을 가지고 기도한 뒤 누군가에게 전해 보자.

문들이 열려 있다

그러나 그들이 다 복음을 순종하지 아니하였도다 이사야가 이르
되 주여 우리가 전한 것을 누가 믿었나이까 하였으니 그러므로
믿음은 들음에서 나며 들음은 그리스도의 말씀으로 말미암았느
니라 그러나 내가 말하노니 그들이 듣지 아니하였느냐 그렇지 아
니하니 그 소리가 온 땅에 퍼졌고 그 말씀이 땅 끝까지 이르렀도
다 하였느니라 (10:16~18)

복음을 듣는다고 해서 다 믿음을 갖는 것은 아니다. 이
스라엘은 가장 먼저 복음을 들었지만 거부했다(마 15:24).
복음이 퍼져 땅끝까지 이르는데(행 1:8), 정작 그들은 믿지
않고 도리어 박해했다. 그럼에도 사도는 이스라엘의 구원
을 소망한다.

예수 믿는다는 것은 예수를 나의 주 그리스도로 부르
는 것이다. 이를 위해서는 세 가지 조건이 충족되어야 한
다. 하나, 내가 주라고 부르던 것을 버려야 한다. 내가 사
랑하고 섬겼던 것들, 곧 우상을 버려야 한다. 이를 '회개'
라고 한다(마 3:2). 둘, 자기 부정이 있어야 한다. 나는 죄인
이라는 사실을 알아야 한다(눅 5:8). 이는 '가난한 마음'이
다(마 5:3). 셋, 믿음이 있어야 한다. 예수를 주로 고백하는

믿음은 말씀의 계시와 성령의 감화가 있어야 한다. 이 둘
이 합쳐져서 그리스도에 대한 믿음을 얻게 된다(요 3:34).

이는 사람이 할 수 있는 것이 아니다. '은혜'로 되는 것
이다. 복음을 전하는 것도 은혜이고, 들음도 은혜이고, 회
개도 은혜이고, 가난한 마음도 은혜이고, 믿음도 은혜이
고, 구원도 은혜이다. 다만 은혜가 언제 임할지 모르니,
우리는 은혜의 방편으로서 문이 열릴 줄을 믿고, 때를 얻
든지 못 얻든지 복음을 전해야 하는 것이다(계 3:8).

"오라. 모두에게 전하라. 하나님이 친히 우리를 초대하
신다. 하나님의 집 문들이 열려 있다. 하나님께서 인내
하시며 우리를 향해 외치시고, 모두 자신에게 모으라 하
신다. 곤경에 처한 자도, 허물이 있는 자도 물론이다." 프
리드리히 빌츠

전도 대상자들을 기록하고 그들에게 은혜의 문이
열리기를 위해 기도하자.

애간장 녹는 사랑

> 그러나 내가 말하노니 이스라엘이 알지 못하였느냐 먼저 모세가
> 이르되 내가 백성 아닌 자로써 너희를 시기하게 하며 미련한 백
> 성으로써 너희를 노엽게 하리라 하였고 이사야는 매우 담대하여
> 내가 나를 찾지 아니한 자들에게 찾은 바 되고 내게 묻지 아니한
> 자들에게 나타났노라 말하였고 (10:19~20)

자녀 교육 이론 중에 '역할 바꾸기'가 있다. 밥투정하
는 어린 아들이 있다. 엄마는 이웃집 아이를 초대하여 자
녀가 보는 앞에서 사랑으로 밥을 먹인다. 그러면 아들은
시기가 발동해서 달려들어 그 아이의 밥그릇을 뺏어 정신
없이 먹는다. 이후로 아들은 불평 없이 맛있게 밥을 먹게
된다. 여느 가정에 있을 법한 아들에 대한 엄마의 유치한
사랑 이야기다.

사도 바울은 하나님의 사랑도 이와 비슷한 면이 있다
고 말씀한다. 이스라엘이 복음을 거부하자 하나님은 이사
야의 예언대로(사 65:1), 이방인이 복음을 듣고 믿게 하여
자기 백성으로 삼으셨다. 그러자 유대인은 그 모습을 보
고 시기하고 분노한다. 이스라엘의 이런 태도를 선용하여
하나님은 결국 그들이 복음을 믿고 주께 돌아오게 하신다

는 것이다.

아니, 도대체 왜 이러시는 것인가? 무엇이 아쉬워 이렇게까지 하셔야만 하는가? 이유는 단 하나 사랑 때문이다. 자기 백성, 자기 자녀를 살리고자 하시는 애간장 녹는 사랑 때문이다. 창조주요 역사의 주이신 하나님께서 이토록 가슴 졸이며 자기 백성을 끝까지 놓지 않고 계신다(시 27:10, 94:14). 이 하나님의 애간장 녹는 사랑이 흘러내린 곳이 십자가이다. 십자가 그 사랑이 흐르고 흘러 마침내 나까지 살린 것이다.

"주님은 사랑의 화신으로 하늘에서 우리에게 오셨습니다. 말할 수 없는 고통과 곤궁 속에 죽어 가는 세상을 십자가에서 꼭 껴안아 살리셨습니다." **바울 게하르트**

애간장 녹는 하나님의 사랑을 생각하며 이스라엘과 북한을 위해 기도하자.

가장 위대한 초대

이스라엘에 대하여 이르되 순종하지 아니하고 거슬러 말하는 백성에게 내가 종일 내 손을 벌렸노라 하였느니라 (10:21)

"내가 아무리 멀리 빨리 달려도 여전히 내 어깨 너머로 바짝 따라오는 당신의 모습을 흘끗 볼 수 있었지요. 그러면 나는 어느 때보다도 더 빨리 더 멀리 달리면서 '이제는 정말 도망쳤다'라고 좋아했습니다. 하지만 당신은 여전히 내 뒤를 따라오고 계셨습니다. 아, 이제 더는 도망칠 곳이 없습니다." **말콤 머거리지**

'나는 왜 그리스도인이 되었는가'라는 물음 앞에 한 크리스천 작가는 이렇게 답했다. 그는 더는 도망칠 곳이 없도록 '하나님의 집요한 사랑의 추적'을 받은 것이다. 이렇듯 주님은 우릴 추적해서 종일토록 구원의 손을 내미신다. 두 손을 내밀어 우리를 부르신다. 역사상 가장 위대한 초대이다.

마태복음 11장을 보면 주님은 우리를 세 가지로 초대

하신다. 하나, 전 인류를 향한 '구원'으로의 초대이다(28
절). 둘, 믿는 자를 향한 '제자'로의 초대이다(29절). 셋, 제
자를 향한 '사명'으로의 초대이다(30절). 이렇게 주님의 내
민 손은 우리를 구원하고 삶을 변화시킨다.

하나님의 사랑은 집요하다. 모든 것을 잃는 순간에도,
인생의 절벽 끝에서도, 사방이 막힌 감옥 속에서도 그분
의 추적은 멈추지 않는다. 더는 도망칠 곳이 없다. 도망칠
수록 무거운 짐에 더 짓눌릴 뿐이다. 이제 도망칠 생각을
접고, 하나님의 손을 붙잡아라. 위대한 초청에 응하라. 지
금, 바로.

내게 손을 내밀어 주신 하나님께 감사하며, 나도 누
군가에게 하나님의 손으로 쓰임받자.

불타는 비전으로

> 그러므로 내가 말하노니 하나님이 자기 백성을 버리셨느냐 그럴
> 수 없느니라 나도 이스라엘인이요 아브라함의 씨에서 난 자요 베
> 나민 지파라 (11:1)

"전능하신 하나님께서 내 일생을 바쳐 완수해야 할 두
가지 사명을 주셨다. 하나는 노예 제도를 폐지하는 것이
고, 또 하나는 도덕성을 회복하는 것이다."

19세기 영국의 정치인 윌리엄 윌버포스가 그의 젊은
날 일기에 적었던 사명 선언문이다(1787). 그가 뜻을 세운
지 46년 만에 영국 국회는 노예 제도 폐지 법안을 통과시
켰다(1833). 그리고 3일 후, 그는 유언을 남기며 눈을 감았
다. "나에게 영국이 노예 제도를 포기하는 날을 목도하고
죽게 하시니 하나님께 감사할 뿐입니다."

사도 바울에게도 포기할 수 없는 두 가지 사명이 있었
다. 하나는 '이방인의 사도'로 온 세상에 복음을 전하는 것
이고, 다른 하나는 동족 이스라엘의 구원이다. 현실적으
로는 불가능해 보인다. 여전히 그들은 복음을 강렬히 거

부하고 있다. 그러나 사도는 하나님이 자기 백성을 버리지 않으시리라는 절대 믿음이 있었다.

그 확실한 증거는 바로 자기 자신이었다. 예전에 그 역시 핍박자였다(딤전 1:13). 그럼에도 그가 구원받았다는 사실은 이스라엘 역시 구원을 받을 수 있다는 '산 증거'다. 이 믿음이 그의 산 소망, 가슴을 불태우는 비전이 되었다. 이 사명은 환난, 곤고, 박해, 죽음 등 그 무엇도 막을 수가 없다(행 20:24). 여기에는 예외가 없다. 오늘도 하나님은 우리를 부르신다. 그러니 잊지 말자. 사람은 비전만큼 살고, 기도만큼 이룬다.

"제가 여기에 있습니다. 저를 보내어 주십시오." **사 6:8, 새 번역**

나의 사명 선언문을 다시 점검하고, 기도한 후에 믿음의 동역자들과 공유하자.

절대 믿음

하나님이 그 미리 아신 자기 백성을 버리지 아니하셨나니 너희가
성경이 엘리야를 가리켜 말한 것을 알지 못하느냐 그가 이스라엘
을 하나님께 고발하되 (11:2)

구원은 오직 믿음으로 얻는다. 믿음은 비전으로 발전
한다. 비전은 사명으로 나아간다. 사명은 열정과 헌신을
불러일으켜 죽기까지 나를 즐겨 달리게 한다.

사도 바울은 오직 믿음의 사람이다. 그는 동족 이스라
엘의 구원에 대해서 '절대 믿음'을 가졌다. 현실적으로 이
스라엘은 여전히 불순종하고 있다. 하지만 그는 전혀 흔
들리지 않는다. 도대체 그의 믿음의 근거는 무엇인가?

하나, 개인적 증거이다. 전통 유대인으로 복음을 대적
하던 '죄인 중의 괴수'였던 자신이 은혜로 구원받은 것이
다(1절). 둘, 신학적 증거이다. 하나님은 자기 백성을 결코
버리시지 않는다. 하나님의 선택은 절대 잘못될 수가 없
다(2a, 29절). 셋, 성경적 증거이다. 하나님은 심판 때마다
'남은 자'를 두셨다. 홍수 심판, 소돔과 고모라 심판, 앗수
르 바벨론 포로 시대에도 남은 자를 두셨고, 엘리야 때에

는 7천 명을 남겨 두셨다(2~4절). 넷, 현실적 증거이다. 그 당시나 오늘이나 적지만 유대인 크리스천들이 있다(5~6절, 행 21:20).

이 증거들로 인한 믿음이 바울의 비전이 되고, 사명이 되어 어떤 고생도 고생이라 여기지 않고, 어떤 장벽도 장벽이라 여기지 않고, 오직 복음을 위해 달려가게 했다(빌 3:12~14). 이런 믿음을 한 시인은 〈절대 신앙〉이라는 시를 통해 이렇게 노래한다.

"당신의 불꽃 속으로/ 나의 눈송이가/ 뛰어듭니다./ 당신의 불꽃은/ 나의 눈송이를/ 자취도 없이 품어 줍니다." **김현승**

절대 믿음을 갖고 주변의 완고한 영혼들을 위해 기도하며, 복음의 길을 닦자.

무릎 꿇지 아니한 자

주여 그들이 주의 선지자들을 죽였으며 주의 제단들을 헐어 버렸고 나만 남았는데 내 목숨도 찾나이다 하니 그에게 하신 대답이 무엇이냐 내가 나를 위하여 바알에게 무릎을 꿇지 아니한 사람 칠천 명을 남겨 두었다 하셨으니 (11:3~4)

하나님은 심판 중에도 '남은 자'를 세워 구원 역사를 이루어 가신다. 남은 자, 그는 누구인가? 그는 심판의 때에 구원 역사를 위해 선택받은 자다. 그는 죄인임에도 은혜로 하나님의 긍휼과 자비를 얻은 자다. 그는 그루터기처럼 다 죽은 것 같아도 다시 움이 트고 가지를 내어 희망을 이어 가는 자다. 그는 씨앗처럼 작아 보여도 그 안의 생명으로 때가 되면 풍성한 결실을 맺는 자다.

또한 그는 바알에게 무릎 꿇지 아니한 자다. 세상에 살지만, 세상에 속하지 아니하고, 세상과 구별되어 거룩하게 살아간다. 그는 당대의 의인이다(창 6:9). 그는 뜻을 정한 자다(단 1:8). 그는 하나님의 이름을 높이는 자다(왕상 18:15). 그는 하나님을 위하여 남겨 둔 자다. 주의 영광과 찬송을 위하여 남겨 둔 것이다(사 43:7, 엡 1:6).

사도는 그 남은 자의 숫자가 7천 명이라고 말씀한다. 7은 완전을 상징한다. 하나님께서 그 시대에 정하신 하나님만 아시는 선택된 '충만한 수'를 말한다. 불의의 도전에 믿음으로 응전하는 창조적 소수다. 하나님은 시대마다 이런 남은 자들을 준비해 두신다.

> "하나님을 믿는다는 것은 하나님의 꿈을 나의 꿈으로 삼고, 그 꿈을 이루기 위해 해산의 수고를 다하는 것이다."
>
> **아브라함 헤셀**

이 시대의 남은 자로서 오늘 해야 할 일이 무엇인지 생각하고, 즉각 실천하자.

타오르는 횃불 되어

그런즉 이와 같이 지금도 은혜로 택하심을 따라 남은 자가 있느
니라 (11:5)

하루는 영국 젊은이들이 중국에서 열정적으로 선교하
고 있는 허드슨 테일러를 방문했다고 한다. 그들은 허드
슨과 함께 며칠을 지낸 뒤 떠나면서 이렇게 말했다. "나는
꺼져 가는 촛불로 이곳에 왔다가 타오르는 횃불이 돌아
갑니다." 그들은 왜 변하게 된 것일까? 바로 삶의 의미, 곧
사명과 목적을 발견했기 때문이다.

하나님의 남은 자로 선택된 것은 은혜이다. 그러나 잊
지 말아야 할 것은 선택에는 목적이 있다는 것이다. 하나
님께서 우리를 남은 자로 택하신 목적이 무엇인가? 남은
자가 이루어야 할 하나님의 뜻은 무엇인가? 성경에 근거
하여 다섯 가지로 정리할 수 있다.

① 우리는 하나님의 기쁨을 위하여 선택되었다. 하나
님을 가장 기쁘시게 하는 일, 그것은 예배다. 하나님은 오
늘도 예배자를 찾으신다(Worship, 요 4:23). ② 우리는 하나

님 형상을 회복하기 위하여 선택되었다. 이는 거창한 어떤 일을 하는 것이 아니라 그리스도를 본받는 존재가 되는 것이다(Christ, 고전 11:1). ③ 우리는 하나님의 사랑을 나누기 위하여 선택되었다. 내 소유, 재능, 은사는 그리스도의 사랑을 베푸는 섬김의 도구로 주어진 것이다(Service, 벧전 4:10). ④ 우리는 하나님의 나라를 세우기 위하여 선택되었다. 이는 땅끝까지 이르러 복음을 전파하고 그리스도의 사랑을 전하는 선교이다(Mission, 행 1:8). ⑤ 우리는 하나님의 가족을 이루기 위하여 선택되었다. 예수 믿고 세례를 받아 교회에 속하면 그리스도의 몸인 교회 한 가족이 되는 것이다(Church, 엡 1:23).

우리는 이 다섯 가지 목적 곧 예배, 그리스도, 봉사, 선교, 교회를 위하여 남은 자로 선택되었다. 이 사명으로 어두운 세상을 밝히는 횃불이 된 것이다.

하나님께서 나를 택하신 목적을 생각하고 다시 새롭게 신앙생활을 시작하기로 결단하자.

아직 가야 하는 길

만일 은혜로 된 것이면 행위로 말미암지 않음이니 그렇지 않으면
은혜가 은혜 되지 못하느니라 **(11:6)**

"내를 건너서 숲으로/ 고개를 넘어서 마을로/ 어제도 가
고 오늘도 갈/ 나의 길 새로운 길/ 민들레가 피고 까치
가 날고/ 아가씨가 지나고 바람이 일고/ 나의 길은 언제
나 새로운 길/ 오늘도… 내일도…/ 내를 건너서 숲으로/
고개를 넘어서 마을로" **윤동주**

흔히 인생을 길에 비유하곤 한다. 오늘도 가고 내일도
가야 할, 아직 가야 하는 길이다. 남은 자, 우리는 날마다
같은 길을 가지만 나의 길, 새로운 길을 간다. 오늘도 내
일도 가야 할 나의 길, 새로운 길은 어떤 길인가? 3중 구원
의 길이다.

'오직 은혜'로 가는 길이다. 은혜가 아니면 애당초 구
원은 시작될 수가 없다. 복음, 예수, 십자가, 성경, 믿음,
성령, 교회, 영생, 천국까지 이 모든 것이 다 은혜다. 어느

것 하나 내가 행할 수도 이룰 수도 없다. 오직 은혜로만 된다(6절, 고전 15:10).

'오직 믿음'으로 가는 길이다. 십자가 속량의 믿음, 예수를 그리스도로 고백하는 믿음, 주의 약속을 믿는 믿음, 날마다 십자가에 죽는 믿음이 있을 때 은혜가 내게 임하는 것이다. 믿음은 은혜의 통로다. 오직 믿음으로 구원을 얻는다(엡 2:8).

'오직 성경'으로 가는 길이다. 성경은 구원의 계시이고 척도다. 은혜와 믿음이 무엇인지 가르쳐 주고 분별하여 우리가 구원의 길로 나아가도록 교훈하고 책망하며 인도한다. 오직 성경으로 믿음은 바로 선다(딤후 3:16~17).

이렇듯 구원의 길은 은혜로, 믿음으로, 성경으로 간다. 이 길이 참 인생의 길이고, 나에게 주어진 길, 새로운 길이다. 오늘도 내일도, 아직 가야 하는 먼 길이다.

일상에서 3중 구원의 길을 간다는 것이 무엇인지 묵상하고, 오늘부터 실행하자.

두렵고 무서운 일

그런즉 어떠하냐 이스라엘이 구하는 그것을 얻지 못하고 오직 택
하심을 입은 자가 얻었고 그 남은 자들은 우둔하여졌느니라 기록
된 바 하나님이 오늘까지 그들에게 혼미한 심령과 보지 못할 눈
과 듣지 못할 귀를 주셨다 함과 같으니라 (11:7~8)

가룟 유다, 그는 예수 제자였다. 그중에서도 사랑과 신
뢰를 받아 재정을 맡은 자였다. 그는 3년을 예수와 동거
했다. 숱한 주의 말씀을 들었다. 엄청난 기적들이 일어나
는 현장에 있었다. 예수께 신앙을 고백하고 구원받는 것
을 자주 목격했다. 그러나 정작 자신은 예수에 무지했다.
예수가 '그리스도'인 줄 깨닫지 못했다. 결국 그는 저주와
파멸의 제 길로 갔다. 심히 무섭고 두려운 일이다. 무엇
때문인가?

이스라엘은 은혜가 아니라, 자신의 의를 자랑했다. 자
기 의를 자랑할 때 영적 우둔함에 빠진다. '우둔함'은 굳은
살이 박여 딱딱해진다는 의미로, '무감각해지다, 깨닫지
못하다'라는 뜻이다. 곧 '혼미한 심령과 보지 못할 눈과 듣
지 못할 귀를' 갖게 되는 것이다(신 29:4).

우둔하게 되면 하나님 은혜에 대해 두 가지로 반응하게 된다. 하나는 '무지'다. 보아도 보지 못하고 들어도 듣지 못하는 무감각이다. 곧 영적으로 죽은 자이다(사 29:10, 마 13:13, 계 3:1). 다른 하나는 '거부'다. 마음에서 싫어져서 비판 비난 대적하고, 심지어 폭력을 서슴지 않는 박해자가 된다(마 26:59, 행 9:29). 이런 완악한 마음은 이미 버려진 것이다. 우리의 불행은 전적으로 은혜를 깨닫지 못하는 데서 시작한다. 무엇보다 우둔함을 버려야 한다.

"아버지여, 나의 맘을 맡아 주관하시고/ 완악하고 교만한 것 변케 하여 주소서." **무명, 찬송 424장**

나는 우둔한 자가 아닌지 살펴보고, 철저히 은혜 안에 거하기를 기도하자.

하나님을 본다

또 다윗이 이르되 그들의 밥상이 올무와 덫과 거치는 것과 보응이 되게 하시옵고 그들의 눈은 흐려 보지 못하고 그들의 등은 항상 굽게 하옵소서 하였느니라 (11:9~10)

"저게 저절로 붉어질 리는 없다/ 저 안에 태풍 몇 개/ 저 안에 천둥 몇 개/ 저 안에 벼락 몇 개/ 저 안에 번개 몇 개가 들어 있어서/ 붉게 익히는 것일 게다." 장석주

시인의 눈은 참 경이롭다. 익은 대추 한 알을 보고도, 그 열매를 익게 한 계절의 풍경을 본다. 이런 깊은 시선이 우리에게도 필요하다.

믿음은 보이지 않는 하나님을 보는 것이다. 그런데 영이 우둔하고 눈이 흐려지면 그리스도가 보이지 않는다. 못 할 짓이 없게 된다. 스스로 파멸의 길로 치닫게 된다. 그러므로 우리는 무엇보다 눈이 열리길 구해야 한다.

눈이 열려 예수가 그리스도이심이 보이면 십자가와 부활이 보이고, 죄 사함과 하나님의 자녀 됨과 영생과 천국이 보인다. 무엇보다 내 안에 사시는 그리스도가 보여

나는 죽고 하나님과 동행하게 된다(시 119:18, 눅 24:31). 그러면 일상의 작은 것 하나에서도 주의 은혜가 보이고, 역경과 환난 속에서도 주의 손길을 보게 되어 평안과 감사로 새로운 길, 주의 길을 간다.

분명 시인은 남이 보지 못하는 것을 보며 시를 쓴다. 그러나 청결한 마음을 가진 그리스도인은 더 신비한 것을 본다(마 5:8). 나와 동행하시는 그리스도를 보고, 내 일상에 임하는 하나님 나라를 보며, 하나님께서 이끌어 가시는 구원 역사를 본다.

내게 보이는 그리스도, 그분이 어떤 분인지 삶의 현장에서 나타내 보자.

08
12
하나님의 도성

그러므로 내가 말하노니 그들이 넘어지기까지 실족하였느냐 그
럴 수 없느니라 그들이 넘어짐으로 구원이 이방인에게 이르러 이
스라엘로 시기나게 함이니라 (11:11)

『하나님의 도성』은 많은 이들이 손에 꼽는 기독교 고
전이다. 이 책은 신성 로마 제국이 야만족이라고 여겼던
고트족에 의해 함락되는 것을 보면서, 성 어거스틴이 상
당한 고민 속에 집필했다(413~427). 그는 찬란한 기독교
문명을 꽃피운 로마가 화염 속에 무너지는 것을 보면서
새로운 역사관을 갖게 된다. "사람이 세운 도성은 아무리
찬란해도 무너진다. 무너지는 도성 속에서 보이지 않는
하나님의 도성은 세워진다."

이런 역설적인 기독교 역사관은 오늘 본문에도 그대
로 적용된다. 현실적으로는 이스라엘이 폐기된 것처럼 보
인다. 그러나 하나님은 자기 백성을 절대 버리지 않으셨
다. 사도는 그 이유를 개인, 신학, 성경, 현실적인 증거를
들어 제시했다(1~6절). 현재는 택하심을 받은 '남은 자'만
구원을 받았다. 선지자의 예언대로 그들이 우둔하여졌기

때문이다(7~10절).

그러나 이스라엘의 불순종은 전체적인 것이 아니고, 또한 최종적인 것도 아니다. 그들의 '넘어짐'은 역설적으로 더 넓은 하나님의 구원으로 연결된다. 마치 사슬고리처럼 연쇄적으로 이어진다. 여기서 이스라엘의 미래 전망을 발견할 수 있다(11~32절). ① 이스라엘의 타락으로 구원이 이방인에게 이른다. ② 이것이 이스라엘로 시기가 나게 하여 그들을 구원으로 이끈다(11절). ③ 이스라엘의 구원은 세상에 더 많은 부요를 가져온다(12절).

믿음의 길에는 언제나 역경과 고난이 있다. 그러나 낙심하지 않는 것은 하나님이 무너지는 세상 속에서도 보이지 않는 하나님 나라를 세워 가시기 때문이다. 그러므로 결국 이루어질 그 나라를 소망하며 우리는 더욱 믿음으로 인내하며 살아가야 한다(고후 5:1).

나에게 하나님 나라를 세우기 위해 당한 고난이 있는지 묵상하고 주변에 나누어 보자.

헤아릴 수 없는 열정

그들의 넘어짐이 세상의 풍성함이 되며 그들의 실패가 이방인의
풍성함이 되거든 하물며 그들의 충만함이리요 (11:12)

스물다섯 살에 조선 선교사로 와서 8개월 만에 생을
마감한 선교사 루비 켄드릭은 부모님에게 쓴 마지막 편지
에서 이런 고백을 했다고 한다.

"제가 오기 전 뒤뜰에 심었던 한 알의 씨앗으로 이제
내년이면 온 동네에 꽃으로 가득하겠죠? 그리고 또 다른
씨앗을 만들겠죠? 저는 이곳에 작은 씨앗이 되기로 했어
요. 제가 씨앗이 되어 이 땅에 묻힐 때, 조선 땅에는 많은
꽃이 피고, 그들도 여러 나라에서 씨앗이 될 것입니다. 저
는 이 땅에 저의 심장을 묻겠습니다. 이것은 조선에 대한
제 열정이 아니라, 하나님의 열정이라는 것을 알게 됐습
니다. 어머니 아버지, 사랑합니다."

아, 놀라운 일이다. 어떻게 그녀는 이런 이해할 수 없
는 충만을 누리게 된 것일까? 그것은 바로 온 세상을 구원
하시려는 '하나님의 열정'에서 비롯된 일이다.

하나님은 온 세상을 구원하기 위한 계획을 가지고 계신다. 그 대략이 바울에 의해 소개되었다. 이스라엘이 복음을 거절하므로 이방인에게 복음이 전해졌다(마 8:12, 행 13:46). 소망이 전혀 없던 모든 민족이 그들의 거절로 구원을 얻게 되었다(엡 2:12). 그리고 결국 이것에 시기를 느낀 유대인들이 회개하고 주께 돌아올 것이다.

이것은 인간이 다 헤아릴 수 없는 하나님의 구원 계획이다. 유대인의 '넘어짐'이 오히려 세상 모든 민족이 복음을 먼저 접하는 복된 기회가 되었다. 이로 인해 우리도 구원을 받았고, 풍성한 복을 누리게 되었다(엡 2:7, 3:8). 아, 도저히 헤아릴 수 없는 하나님의 열정이다.

"만일 내게 천 개의 생명이 있다면 그 모두를 조선에 바치리라." **루비 켄드릭**

하나님의 열정이 나를 구원하였음을 믿고, 나도 삶에서 더욱 힘을 내어 풍성을 누리며 살자.

영광스러운 직분

내가 이방인인 너희에게 말하노라 내가 이방인의 사도인 만큼 내 직분을 영광스럽게 여기노니 (11:13)

하나님의 부르심은 크게 두 가지이다. 먼저 구원으로의 부르심이다. 예수를 구주로 믿고, 자녀로 부름을 받는 것이다. 다음은 직분으로의 부르심이다. 하나님 자녀로서 교회와 주의 나라를 위해 직임을 받는 것이다.

이 직분은 교회에서의 '교직'(엡 4:11~12)이 있고, 세상에서의 '직업'도 있다. 흔히 교직은 성직으로 여기면서 직업은 세상 일로 여기곤 한다. 그러나 교직뿐만 아니라 어떤 직업에 종사하든 그것은 영광스러운 하나님의 직분, 곧 '왕업'이 되어야 한다. 어떻게 내가 맡은 일을 왕업으로 할 수 있는가?

먼저 주어진 일을 사명으로 여기라. 교직이든 직업이든 하나님께서 나를 충성스럽게 여겨 맡기신 것이다. 또한 필생의 과업으로 여겨 사랑과 정성을 다하라. 사람을 복되게 하고, 구원하는 일에 늘 우선순위에 두는 것이다.

그리고 내 힘으로 불가하니 하나님께 기도하라. 이 모든
일은 주의 나라와 뜻, 영광을 위하는 것이다(벧전 4:7~11).
이렇게 할 때 내게 주어진 모든 일이 영광스러운 주의 일,
왕업이 된다.

> "저는 프라이팬에서 달걀을 뒤집는 것도 하나님을 사랑
> 하기 위해서 합니다. 그리고 그 일을 마쳤을 때 바닥에
> 엎드려 그 일을 잘할 수 있게 은혜를 주신 하나님께 감
> 사합니다. 그렇게 기도한 후 일어나면 세상 어떤 왕도
> 부럽지 않습니다." **로렌스 형제**

내게 주어진 일을 주의 일로 여기지 않은 것을 회개
하고 이제부터 왕업으로 대하자.

08
15

민족을 향한 소망

이는 혹 내 골육을 아무쪼록 시기하게 하여 그들 중에서 얼마를 구원하려 함이라 그들을 버리는 것이 세상의 화목이 되거든 그 받아들이는 것이 죽은 자 가운데서 살아나는 것이 아니면 무엇이리요 (11:14~15)

내 동족과 나라는 생명보다 귀하다. 그러나 크리스천에게는 이보다 더 귀한 것이 있다. 바로 '하나님 나라와 의'이다. 먼저 하나님 나라와 의를 구할 때 개인도, 가정도, 나라도, 민족도, 세계도 다 구원받고 함께 평화를 누리며 살게 된다. 또 전쟁, 내란, 독재 등의 악에서 해방되어 모두가 함께 의와 평강과 희락을 누리며 살게 된다(사 11:6~9, 마 6:33). 따라서 하나님 나라와 의를 구하는 것이 그리스도인 제일의 사명이다.

바울은 '이방인의 사도'로서 온 땅에 하나님 나라가 이루어지는 복음 전파의 사명을 감당하고 있다. 그러나 동족 이스라엘을 잊지 못한다. 지금은 복음이 이방인에게 먼저 활발히 전파되고 있지만, 언젠가 이스라엘에 구원의 날이 올 것을 굳게 믿고 있다. 그날에는 에스겔 37장에 나오는

'골짜기의 마른 뼈들'이 하나님의 큰 군대로 부활하는 것 같은 그런 민족적인 구원이 도래할 것임을 소망하고 있다.

오랜 세월 분단의 역사 속에서도 사도와 같은 소망으로 북한 선교에 헌신하는 이들이 있다. 한 민족, 한 골육에 복음을 전하고자 애쓰는 것이다. 분명 북한에도 얼마의 '남은 자'가 있다. 우리도 하나님의 구원 섭리를 믿고, 민족 통일과 구원의 날을 소망하자. 북한 동포의 구원과 통일을 위해 힘써 기도하자(엡 1:10, 4:6). 그러면 어느 날, 8·15 광복의 그날이 죽은 자의 부활처럼 왔듯이, 통일도 그렇게 도래할 것이다.

> "오직 기도를 통해서만 통일을 위한 싸움에서 승리할 수 있다는 확신이 깊어 갑니다. 그래서 우리는 항상 '기도의 전쟁터'에 있어야 합니다." **대천덕**

먼저 하나님의 나라와 뜻이 이뤄지기를 구하며 북한 동포와 통일을 위해 기도하자.

소망을 품고

제사하는 처음 익은 곡식 가루가 거룩한즉 떡덩이도 그러하고 뿌리가 거룩한즉 가지도 그러하니라 (11:16)

"하늘에 걸린 무지개를 바라볼 때면/ 내 가슴은 설레인
다./ 나 어렸을 때도 그러했고/ 어른이 된 지금도 그러
하며/ 늙어서도 그러하리./ 그렇지 않다면 차라리 죽는
게 나으리라./ 아이는 어른의 아버지/ 내 목숨의 하루하
루가/ 천성의 경건함 속에 머물기를." 윌리엄 워즈워스

사도 바울에게도 어린아이같이 순전한 설렘이 있었
다. 그것은 지금 비록 이스라엘이 불순종하고 있더라도
반드시 회심하는 날이 도래할 것이라는 사실 때문이었다.
시인이 무지개를 바라보며 가슴이 설레듯, 그는 '처음 익
은 곡식 가루'와 '뿌리'를 생각하며 그들이 돌아올 것을 내
다보고 가슴 설레한다.

처음 익은 곡식 가루, 그리고 뿌리는 대표성을 의미한
다. 곧 이스라엘의 조상을 표현하는 상징이다. 그들이 처

음 익은 곡식으로 하나님께 드려졌고, 거룩한 뿌리가 되었으므로 그 후손들도 거룩한 백성으로 돌아올 것이라는 믿음이다. 이스라엘이 아주 귀한 종자와 뿌리를 가졌기에 반드시 거룩한 백성으로 돌아올 것임을 사도는 소망 속에 가슴 설레며 기다리고 있다.

나는 하나님께 무엇을 기대하고 소망하는지 적어보고, 설렘으로 기도하며 기다리자.

이스라엘을 위한 기도

또한 가지 얼마가 꺾이었는데 돌감람나무인 네가 그들 중에 접붙임이 되어 참감람나무 뿌리의 진액을 함께 받는 자가 되었은즉 그 가지들을 향하여 자랑하지 말라 자랑할지라도 네가 뿌리를 보전하는 것이 아니요 뿌리가 너를 보전하는 것이니라 (11:17~18)

이스라엘은 구원 역사 완성의 한 축을 담당한다. 로마서 구조로 보아도 1~8장은 이방인 구원, 9~11장은 이스라엘 구원에 관한 것이다. 이방인과 유대인의 구원은 서로 상호 보완적이며 현재까지 유효하다. 오늘날 이스라엘은 강원도 정도의 크기이지만, 그들의 영향력은 경제, 과학, 문화 할 것 없이 모든 분야에서 세계적이라고 한다. 참 신비한 일 아닌가?

하나님의 선교는 이스라엘에서 이방인으로, 다시 이방인에서 이스라엘로 옮겨 간다. 쉽게 이해가 안 되는 구원의 섭리다. 그래서 사도는 당시 누구나 수긍할 수 있는 감람나무 재배법 비유로 설명한다. 열매 맺지 못하는 '참감람나무'가 있다. 농부는 가지 몇 개를 잘라 내어 그 자리에 '돌감람나무'를 접붙인다. 그러면 원뿌리에서 접붙인

가지로 수액이 올라 열매를 맺는다.

　이 참감람나무의 '꺾어짐'과 돌감람나무의 '접붙임'은 유대인과 이방인의 상호 보완 관계를 보여 준다. 이를 보며 이방인 신자들은 교만하지 말아야 한다. 비록 유대인이 불순종하고 있지만, 기독교의 뿌리로서 존중되어야 하는 것이다. 뿌리 없는 가지는 있을 수 없다. 사실상 모든 그리스도인은 유대인들에게 빚을 지고 있다. 우리는 그들을 존중하며, 속히 주께 돌아오도록 기도해야 한다.

　"이스라엘이 주의 사랑을 깨닫고, 죄를 자백하며 돌아오는 날이 곧 오게 하소서. 이스라엘 교회가 사랑과 인내로 이 사명을 지혜롭게 감당하게 하소서. 이스라엘 교회와 크리스천들이 서로를 존중하고 이해하며 이스라엘 회복을 위해 합력하게 하소서."

　이스라엘과 중동 선교를 위해 애쓰는 선교사들을 위해 기도하고 중보하자.

나를 이끈 한 말씀

그러면 네 말이 가지들이 꺾인 것은 나로 접붙임을 받게 하려 함
이라 하리니 옳도다 그들은 믿지 아니하므로 꺾이고 너는 믿으므
로 섰느니라 높은 마음을 품지 말고 도리어 두려워하라 하나님
이 원 가지들도 아끼지 아니하셨은즉 너도 아끼지 아니하시리라
(11:19~21)

이방인인 우리가 구원받은 것은 전적인 하나님 은혜
이다. 원가지인 유대인이 교만하여 그리스도를 저버리자
구원이 우리에게 옮겨진 것이다. 그들의 가지가 꺾여진
곳에 우리가 접붙임을 받아 오직 은혜로, 믿음으로 구원
받은 것이다. 우리가 한 일은 아무것도 없다.

그러니 높은 마음을 품어서는 안 된다. 그저 두렵고 떨
림으로 하나님을 경외해야 한다. 그렇지 않으면 원가지가
꺾인 것처럼 접붙인 가지도 꺾일 것이다. 은혜로 구원받
은 우리는 첫째도 겸손, 둘째도 겸손, 셋째도 겸손이다(마
11:29, 23:12, 빌 2:3, 약 4:6).

어려서부터 아버지께 자주 들은 이야기가 있다. 어른
이 되고, 목사가 되어서도 무슨 성취가 있을 때면 격려와
함께 꼭 덧붙여 하신 말씀이다. "아들아, 겸손해야 한다.

겸손해야 오래 쓰임받고, 존중받는다. 겸손이 최고 미덕이다." 난 그 말씀이 맘에 내키지 않았다. 또 그 말씀이냐며 언짢아했다. 한데 돌아보니 오늘도 그 말씀이 지팡이가 되어 나를 이끈다.

"그대에게서 교만이 죽지 않으면 하늘의 것이 그대 속에서 살 수 없다. 교만은 결코 도덕적 결함만이 아니며, 겸손은 결코 인격적 덕성만이 아니다. 전자는 사망이요 후자는 생명이며, 전자는 지옥이요 후자는 천국이다." **앤드류 머레이**

내 삶에서 교만한 적은 없었던가 살펴 회개하고, 그리스도의 겸손을 구하자.

나에게 달린 일이다

그러므로 하나님의 인자하심과 준엄하심을 보라 넘어지는 자들에게는 준엄하심이 있으니 너희가 만일 하나님의 인자하심에 머물러 있으면 그 인자가 너희에게 있으리라 그렇지 않으면 너도 찍히는 바 되리라 (11:22)

"나는 학교가 교회라고 생각했다. 아이들을 섬기는 게 예배라고 생각했다. 상처 입은 아이를 위로하고, 가난한 아이에게 먹을 것을 주고, 아이와 함께 놀고, 웃고, 글을 쓰면서 마음을 편안하게 해 주는 게 예배라고 생각했다." 권일한

무슨 일이든 태도가 중요하다. 어떤 태도로 사느냐가 삶의 많은 것을 결정한다. 한 초등학교 교사가 있었다. 그는 아무도 가지 않으려는 산골 마을 학교로 자원하여 부임했다. 그곳에서 최선을 다해 아이들을 가르치고 섬겼다. 모든 일에 예배하듯 임했다. 그러자 그가 있는 학교는 교회가 되고, 하나님이 펼쳐 주시는 아름답고 풍성한 구원의 이야기로 가득하게 되었다고 한다.

은혜와 진리, 사랑과 공의, 복음과 율법 등의 개념은 서로 대칭적이면서 공존하는 기독교의 핵심 가치들이다. 하나님의 품성 안에 이 두 가지가 오묘하게 조화를 이룬다. 본문의 '인자하심'과 '준엄하심'도 마찬가지이다. 하나님은 부드럽고 유연하며 넓고도 깊은 동시에 매우 준엄하시다. '준엄'은 단칼에 자르듯 단호하다는 뜻이다.

하나님께서 어떤 성품으로 내게 나타나시냐는 하나님 앞에 선 자의 태도에 달렸다. 정직과 겸손, 성실한 태도에 대해서는 한없는 인자하심으로, 거짓과 교만, 불의에 대해서는 준엄하심으로 대하신다. 그분의 끝없는 인자하심을 누리는 사람은 복 있는 자이다(시 100:5). 하나님의 인자하심이냐 준엄하심이냐, 이 모든 것은 나에게 달린 일이다(시 1:6).

거짓과 교만, 불의한 것에 대해 회개하고, 하나님의 인자하심에 대해 감사 찬양하자.

한순간에도 구원하신다

그들도 믿지 아니하는 데 머무르지 아니하면 접붙임을 받으리니
이는 그들을 접붙이실 능력이 하나님께 있음이라 네가 원 돌감람
나무에서 찍힘을 받고 본성을 거슬러 좋은 감람나무에 접붙임을
받았으니 원 가지인 이 사람들이야 얼마나 더 자기 감람나무에
접붙이심을 받으랴 (11:23~24)

1849년 봄, 몇 명의 사형수가 형장으로 끌려 나왔다.
"거총!" 그때 갑자기 말발굽 소리와 함께 한 병사가 소리
치며 나타났다. "사형 중지, 사형 중지, 황제께서 특사를
내리셨다." 이렇게 살아남은 자가 스물일곱 살의 젊은 사
형수, 도스토옙스키였다. 그는 시베리아로 유형(流刑)을
떠나 4년 동안 유일하게 허용된 책 성경을 읽었다. 그러
다 어느 부활절에 갑자기 소리쳤다. "하나님은 존재하신
다. 그분은 살아 계신다." 그는 죽기 반년 전, 푸시킨의 동
상 제막식에서 〈예언자〉라는 시를 정열적으로 낭송한다.

"시체처럼 사막에 쓰러져 있을 때/ 하나님의 음성이 나
를 불렀다./ 일어나라, 예언자여/ 보라 그리고 들으라./
나의 뜻으로 가슴을 채워라./ 땅과 바다를 돌아다니며/

너의 말로 가슴을 불타오르게 하라."

   구원은 이렇듯 순식간에 온다. 시체처럼 사막에 쓰러져 도저히 회생 불가능한 자를 하나님은 순식간에 생명이 돌게 하여 대문호로 세우신다. 이스라엘의 구원도 순식간에 온다. 사실 원예 상식으로는, 꺾여진 가지는 재생의 가능성이 전혀 없다. 사도가 불가능한 예를 든 것은 이스라엘의 구원이 하나님의 능력으로는 얼마든지 가능하기 때문이다. 대반전의 역사가 펼쳐질 것을 사도는 불타오르는 가슴으로 소망하고 있다(신 32:39, 사 10:21, 렘 32:18).

   오늘 우리도 가족 구원, 지인 전도, 민족 복음화와 통일에 대해 낙심하지 말아야 한다. 때로는 상황이 암담해 보이고, 절망적으로 보여도 하나님은 한순간에 구원하실 수 있다(갈 6:9).

하나님을 믿고 가족 구원, 지인 전도, 민족 복음화와 통일을 위해 다시 기도를 시작하자.

밝히 드러난 비밀

형제들아 너희가 스스로 지혜 있다 하면서 이 신비를 너희가 모르기를 내가 원하지 아니하노니 이 신비는 이방인의 충만한 수가 들어오기까지 이스라엘의 더러는 우둔하게 된 것이라 (11:25)

기독교의 '신비'는 숨겨진 비밀이 아니다. 공개적으로 계시된, 온 세상에 밝히 드러난 비밀이다. 만약 몇몇 사람이 쉬쉬하며 은밀히 전하는 비밀이 있다면, 그것은 절대 기독교의 비밀이 아니다. 잘못된 이단 사설일 뿐이다.

그럼에도 여전히 신비라 부르는 것은 누구나 알 수 있는 것은 아니기 때문이다. 이 비밀의 본체는 그리스도 예수이시다(골 2:2). 세상 모든 사람과 민족이 구원을 얻는 길은 오직 한 길, 예수뿐이다. 이는 성경과 교회를 통해 밝히 다 드러난 것이다. 그러나 누구나 다 아는 것은 아니다. 성령으로 거듭난 자만이 안다. 그래서 '밝히 드러난 비밀'이다.

또 한 가지 밝히 드러난 비밀이 있다. 하나님은 모든 사람이 다 구원받기를 원하신다는 것이다(딤전 2:4). 이 인류 구원을 위한 하나님의 계획과 순서가 있다. ① 이스라엘은 더 완악하게 될 것이다. ② 복음이 온 세상에 전파되어 이방인의 '충만한 수'가 구원을 받게 될 것이다(마 24:14, 막 13:10). ③ 비로소 온 이스라엘이 구원을 받게 될 것이다(26절).

결국 하나님의 구원 역사에서 이방인과 이스라엘은 상호적이며, 또한 동시적이다. 인류 구원을 위해 이방인의 충만한 수가 구원받아야 하고, 동시에 이스라엘이 회개하고 하나님께 돌아와야만 한다. 그리할 때 온 세계의 구원은 완성된다.

하나님의 큰 구원 역사를 생각하며, 오늘 내가 할 수 있는 전도와 선교를 실천하자.

이방인의 충만한 수

형제들아 너희가 스스로 지혜 있다 하면서 이 신비를 너희가 모르기를 내가 원하지 아니하노니 이 신비는 이방인의 충만한 수가 들어오기까지 이스라엘의 더러는 우둔하게 된 것이라 **(11:25)**

나는 젊고 유능한 한 목사를 안다. 하루는 그가 경북 산골의 어느 마을로 목회를 하러 간다고 인사차 왔다. 왜 그런 험지냐고 물었더니, 그의 답변이 놀라웠다. 기도하는 중에 하나님께서 "도시가 아닌 곳에, 교회가 없는 곳에, 잃어버린 한 영혼을 위해 가라"라고 하셔서 그저 순종하는 것이라고 했다. 세월이 흘러 그는 지금 캄보디아 오지에서 선교하고 있다.

하나님의 선교는 이스라엘에서 이방인들을 향해 땅끝까지 '나가고'(원심적), 이방인의 충만한 수가 차면 다시 이스라엘로 '돌아오는'(구심적) 선교의 교차로 완성된다. 여기서 '이방인의 충만한 수'는 무엇을 말씀하고 있는가? 이는 천국 복음이 온 세상에 전파된 후에 세상 끝이 온다는 주의 말씀(마 24:14, 막 13:10)에 근거하여 모든 민족에게 복음이 선포되는 그 시점에서 선택된 구원받은 백성이다.

곧 하나님이 만족하시고, 하나님만 아시는 충만한 수의 구원받은 자들이다.

그렇다면 이 '충만한 수'에 이미 참여한 자라는 증거는 무엇인가? 바로 그리스도의 사랑으로 복음을 전하는 것이다(롬 1:16). 내가 사는 곳이 어디든 거기서 하나님의 충만한 수를 위하여 복음을 전하고, 복음의 삶을 보여 주는 것이다.

"사람들에게 가서/ 그들과 함께 살고/ 그들에게 배우고/ 그들을 사랑하라./ 그들이 아는 것으로 시작하고/ 그들이 가진 것으로 세우라./ 그들이 믿는 것으로 살게 하라." **무명**

내가 그 충만한 수의 한 사람이라는 사실을 기억하고, 주변에 복음을 제시해 보자.

08

23 이스라엘의 구원

> 그리하여 온 이스라엘이 구원을 받으리라 기록된 바 구원자가
> 시온에서 오사 야곱에게서 경건하지 않은 것을 돌이키시겠고
> (11:26)

하나님께서 베푸신 구원을 이스라엘이 거부했다. 그러자 하나님 선교는 이방인을 향한다. 이스라엘에서 유럽으로, 아프리카로, 로마로, 영국으로, 또 미국으로, 일본으로, 중국으로, 한국으로 전파되어 왔다. 이렇게 복음이 지구를 감싸며 '이방인의 충만한 수'(25절)가 예수를 믿을 때, 사도는 온 이스라엘이 구원을 받게 될 것이라 말씀한다.

여기서 '온 이스라엘'은 민족 전체가 아니라, 구원받게 될 이스라엘의 개개인을 말한다. 곧 수많은 유대인이 약속의 말씀에 따라(시 14:7, 사 59:20) 구원자 예수께 돌아온다는 것이다. 언제 어떻게 돌아올 것인가? 이는 하나님께 속한 것이어서 우리는 알지 못한다. 다만 한 가지 분명한 것은 오늘날 유대인 크리스천의 수는 점점 증가하고 있으며, 지금 더욱 힘써 '예루살렘'과 '땅끝'까지 복음을 전해야 한다는 것이다(행 1:8).

"하나님 나라를 향한 경주에서 당신의 백성들에게 문을
열어 주소서. 간계나 권력으로 방해받지 않게 하소서.
어두운 밤에 빛줄기를 내려 주소서. 키리에 엘레이손."

고틀롭 바르트

복음을 전하는 선교사들의 건강과 가정과 사역을
위해 기도하고, 선교헌금을 하자.

사랑의 시선으로

내가 그들의 죄를 없이 할 때에 그들에게 이루어질 내 언약이 이
것이라 함과 같으니라 복음으로 하면 그들이 너희로 말미암아 원
수 된 자요 택하심으로 하면 조상들로 말미암아 사랑을 입은 자
라 (11:27~28)

영화 〈엉겅퀴 꽃〉에 나오는 한 장면이다. 추운 겨울
밤, 프랜시스와 헬렌은 뉴욕의 길가에서 술에 취해 쓰러
져 있는 늙은 에스키모 여자를 발견한다. "누구지, 부랑잔
가?" "맞아요. 부랑자예요. 늘 그렇게 살았죠." "그전에는
뭐 했는데?" "알래스카 창녀였어요." "그래도 평생 창녀는
아니었겠지. 그전에는?" 헬렌이 대답한다. "아마도 한 부
모의 어린아이였겠죠." 그러자 프랜시스는 이렇게 말한
다. "그럼 됐어요. 부랑자도 아니고, 창녀도 아니고, 어린
아이였다면. 우리가 데리고 갑시다." 그들은 눈밭에 널브
러진 여자를 집으로 함께 데리고 간다.

누군가의 어두운 면을 볼 때 우리는 쉽게 '나쁜 사람'이
라고 단정한다. 그것으로 그와의 관계도 끝난다. 그러나
자기 자녀라면 다를 것이다. '본래 그런 아이가 아니고, 실

수한 것'이라고 적극적으로 변명할 것이다. 이렇듯 사랑의 시선으로 보면, '부랑자도 아니고, 창녀도 아니고, 어린 아이'였던 것처럼 누구나 하나님께서 창조하신 귀한 존재다. 구원받아야 할 하나님 자녀다. 그래서 사도 바울도 이스라엘을 그렇게 바라본다. 지금은 하나님의 원수가 되었더라도, 원래는 하나님의 '사랑을 입은 자'로 본다. 하나님처럼, 사랑의 시선으로.

"무엇보다도 먼저 서로 뜨겁게 사랑하십시오. 사랑은 허다한 죄를 덮어 줍니다." 벧전 4:8, 새번역

누군가를 선입견으로 대해 왔다면 회개하고, 그를 위해 기도하고 관계를 회복하자.

후회함이 없는 부르심

하나님의 은사와 부르심에는 후회하심이 없느니라 (11:29)

오래전 TV에서 어떤 논픽션 프로그램을 본 적이 있다. 내용인즉, 한 아내가 중증 정신장애가 있는 남편과 함께 살고 있는데 갑자기 남편이 집을 나가고 말았다. 아내는 전단지를 뿌리고 거리를 헤매며 애타게 찾고 찾는다. 기자가 의아해하며 묻는다. "왜 그리 남편을 찾습니까?" 그녀는 답한다. "남편은 내가 아니면 아무것도 못 합니다. 하루 세끼 밥도 못 챙깁니다." 그리고 울먹이며 말한다. "나는 그 사람을 사랑합니다. 그가 없으면 나도 못 삽니다." 순간 가슴이 찡하며 한 생각이 일었다. '아, 사랑은 대상의 어떠함과는 상관없는 거구나!'

"하나님의 은사와 부르심에는 후회하심이 없느니라" 개혁자 마틴 루터는 이 구절을 두고 "하나님의 사랑은 대상을 찾지 않고, 대상을 창조한다"라고 했다. 하나님께서 우리를 사랑하실 때 우리가 사랑할 만한 자라서 사랑하는 것이 아니며, 반역하고 원수 된 자라도 사랑할 만한 자로 만들어서 사랑하신다는 것이다. 그러니 후회가 없으시다. 구약에 나오는 하나님의 후회는 실제로 그런 것이 아니라 심한 유감의 표현이다(창 6:6, 민 23:19, 삼상 15:11). 우리의 어떠함이 하나님의 사랑을 막을 수 없다. 아무리 불순종하고 멀리 갈지라도, 절대 포기하지 않고 끝까지 추적하셔서 기어코 구원하시고야 마는 것이다(사 43:1~3).

> "하나님은 당신을 조건 없이 사랑하십니다. 마땅이 되어야 하는 당신이 아니라, 있는 그대로의 당신을 사랑하십니다. 왜냐하면 마땅이 되어야 하는 모습을 갖춘 사람은 아무도 없기 때문입니다." **브래넌 매닝**

오늘은 나의 판단과 기준이 아니라 하나님의 사랑을 기준으로 사람들을 대하고 섬기자.

긍휼의 구원 역사

너희가 전에는 하나님께 순종하지 아니하더니 이스라엘이 순종하지 아니함으로 이제 긍휼을 입었는지라 이와 같이 이 사람들이 순종하지 아니하니 이는 너희에게 베푸시는 긍휼로 이제 그들도 긍휼을 얻게 하려 하심이라 (11:30~31)

유대인 랍비의 집에 한 나그네가 묵게 되었다. 대화 중에 나그네가 무신론자임을 알게 되었다. 그러자 랍비는 '무신론자와 함께 거할 수 없다'며 그를 내쫓았다. 밤 기도 시간이 되어 무릎을 꿇었다. 그러자 하나님의 음성이 들렸다. "아들아, 어찌하여 그를 내쫓았느냐?" "그는 무신론자였습니다." "아들아, 나는 네게 평생토록 긍휼을 베풀었는데, 넌 고작 하룻밤도 긍휼을 베풀 수 없더냐?" 그 말씀에 랍비는 즉시 밖으로 나가 그에게 사과하고, 다시 데려와 정성을 다해 사랑을 베풀었다.

하나님의 구원이 어떻게 이루어졌는가? 바로 '긍휼'이다. 하나님은 긍휼로 시작하시고, 긍휼로 기다리시며, 긍휼로 이루어 가시고, 결국은 긍휼로 구원을 완성하신다 (9~11장의 결론). 아브라함도 바울도 이방인도 다 순종하지 않았는데, 긍휼을 힘입어 구원을 얻었다. 마찬가지로 이스라엘도 순종하지 않지만, 때가 되면 그 긍휼에 힘입어 구원을 얻게 되고, 마침내 인류 구원이 완성될 것이다. 곧 하나님의 긍휼에 근거한 역사관이다.

그러므로 이방인이든 유대인이든 누구든지 하나님의 긍휼을 입어 구원을 얻은 것이니 교만해서도 안 되고, 자랑할 것도 없다. 우리가 먼저 긍휼을 입은 이유는 '그들도 긍휼을 얻게' 하기 위함이다. 오직 긍휼의 은혜에 감사하며 긍휼을 베푸는 자로 살아야 한다(눅 10:34~35).

"사랑과 은혜와 긍휼은 하나님 품속에서 나란히 자라 가는 의좋은 세 자매다." **토마스 왓슨**

하나님께서 내게 베푸신 긍휼을 헤아리며, 오늘 만나는 누군가에게도 긍휼을 베풀자.

타인의 고통에 대한 아픔

하나님이 모든 사람을 순종하지 아니하는 가운데 가두어 두심은
모든 사람에게 긍휼을 베풀려 하심이로다 (11:32)

긍휼이 필요 없는 사람은 없다. 하나님의 긍휼이 없다
면 살아 있을 자는 한 사람도 없다. 하나님의 긍휼로 우리
는 오늘도 살아 있다. 이 긍휼을 깨닫는 자가 구원받은 자
고, 이 긍휼을 경험한 자가 긍휼을 흘려보낼 수 있다. 그
에게는 고통을 이해하는 '공감 능력'이 있다.

구원을 받았다는 것은 무엇인가? 하나님의 사랑을 입
은 것이다(28절). 하나님의 부르심을 입은 것이다(29절).
이는 곧 하나님의 긍휼을 입는 것이다. 그래서 사도 바울
은 인류 구원이 하나님의 긍휼 때문이라고 결론을 내린
다. 이스라엘의 선택도(30절), 이방인에게 복음이 전파된
것도(31절), 때가 되어 유대인이 구원을 얻게 될 것도 다
하나님의 긍휼 때문이다.

이 긍휼로 인해 하나님을 모르거나 또 알면서도 순종
하지 않은 인간들이 결국은 복음을 믿게 되고, 믿음의 성

장을 이루며 왕 같은 자녀로 구원을 누리며 사는 것이다. 구원은 하나님의 긍휼에서 시작되고 긍휼로 이어지며 긍휼로 완성되는 것이다(벧전 2:10).

죄인을 향한 하나님의 긍휼은 예수 십자가에서 입증되었다. 이 하나님의 긍휼을 경험한 자는 다른 이들에게 하나님의 심정으로 다가가게 된다. 가슴이 찢어지는 아픔으로 그들을 섬기게 된다(마 5:7, 9:36). 만약 이 하나님의 긍휼이 내게 없다면, 나는 혹 긍휼을 입은 사람인가 되돌아보아야 한다.

긍휼함으로 누군가를 위해 가슴 아파 본 적이 있는가? 오늘 하루 긍휼의 마음을 구하자.

하나님께 송영을

깊도다 하나님의 지혜와 지식의 풍성함이여, 그의 판단은 헤아리
지 못할 것이며 그의 길은 찾지 못할 것이로다 (11:33)

피조물인 인간이 창조주 하나님께 드리는 최고의 신
앙고백적 감탄과 감사는 찬송이다. 그래서 많은 크리스천
들이 무엇을 끝마칠 때 하나님께 찬송을 올린다. 이것을
송영(頌詠) 혹은 '영광송'이라고 부른다.

"호흡이 있는 자마다 여호와를 찬양할지어다 할렐루야"
시편

"나는 하나님의 도움을 받아 이 방대한 저서를 완결했으
니 (중략) 나와 함께 하나님께 감사하라. 아멘. 아멘." **성
어거스틴, 『하나님의 도성』**

"우리는 하나님께 손을 높이 들고 찬송하며 감사해야 한
다. 하나님께서 우리에게 이 복된 깨달음과 은총을 허락

하셨기 때문이다." 마틴 루터, 『대교리문답』

"하나님을 찬양하라!" 장 칼뱅, 『기독교 강요』

사도 바울 역시 로마서의 전반부를 마치면서 송영을 바친다. 이 송영에 담긴 의미는 세 가지다. 하나, 헤아릴 수 없는 하나님의 위대하심에 대한 찬양이다. 둘, 우리 죄인을 살리신 하나님의 구원하심에 대한 찬양이다. 셋, 불순종에도 택한 자를 버리지 않고, 긍휼을 베푸시는 하나님의 사랑에 대한 찬양이다. 나는 오늘 하루를 마치면서 무엇을 노래할 것인가. 나의 입술에서 흘러나올 그 찬양을 지금 마음속으로 불러 보자.

작은 일이든 큰 일이든 마무리할 때, 또 하루를 마치면서 나만의 송영을 드리자.

지혜와 지식의 풍성함이여

깊도다 하나님의 지혜와 지식의 풍성함이여, 그의 판단은 헤아리지 못할 것이며 그의 길은 찾지 못할 것이로다 (11:33)

예수 잘 믿는다는 것은 일상의 사소한 것에서 하나님의 구원과 사랑을 느끼며 '매 순간 놀라는 것'이다. 하나님을 알고, 구원을 경험한 자는 누구든 감탄할 수밖에 없다. 죄인 된 인간을 살리시는 하나님의 구원 계획이 너무 크고 깊어서 그저 놀랄 뿐이다.

어떻게 십자가 하나로 단번에 온 인류를 구원하실 수 있단 말인가. 어떻게 십자가로 공의와 사랑, 의와 불의, 죽음과 생명이 동시에 다 만족할 수 있단 말인가. 어떻게 십자가로 속량, 의롭다 함, 화목함, 자녀 됨, 영생이 다 이루어진단 말인가. 어떻게 저주의 치욕스러운 십자가로 이 모든 것을 이룰 수 있단 말인가.

"깊도다 하나님의 지혜와 지식의 풍성함이여!"

사실 믿음의 신비는 이뿐만 아니다. 어떻게 하나님이 아기로 성육신할 수 있단 말인가. 어떻게 하나님이 십자가에 죽을 수 있단 말인가. 어떻게 인간의 모든 배신과 모욕, 치욕을 다 감당할 수 있단 말인가. 어떻게 십자가에서 버림받는 저주를 견딜 수 있단 말인가. 어떻게, 어떻게, 하나님이 어떻게 그러실 수 있단 말인가.

질문의 방향을 '어떻게'에서 '왜'로 바꾸면 답은 한결 편해진다. 모든 것은 하나님의 긍휼, 곧 '그의 인자하심과 용납하심과 길이 참으심의 풍성함' 때문이다(롬 2:4, 엡 2:4). 그럼에도 여전히 다 헤아릴 수는 없다. 아, 하나님의 풍성함이여!

"이제부터 평생 하나님만 경외하고, 어느 곳에서나 찬양하겠습니다. 내 온 맘이 회복되었으며, 내 영혼과 육체가 주를 기뻐합니다. 우리 하나님께 영광을 돌립시다."
요한 야곱 쉬츠

오늘도 나를 놀랍게 하시는 하나님을 기대하며 큰 소리로 주님을 찬양하자.

제일 되는 목적

누가 주의 마음을 알았느냐 누가 그의 모사가 되었느냐 누가 주
께 먼저 드려서 갚으심을 받겠느냐 (11:34~35)

사도 바울은 세 가지 질문 형태로 송영을 드린다. 이는
일종의 감탄문이다(욥 41:11, 사 40:13). "누가 주의 마음을
알았느냐" 하나님의 생각과 판단은 오묘하여 측량할 수
없으므로 사람은 알 수가 없다. "누가 그의 모사가 되었
느냐" 하나님의 지혜와 지식은 깊어서 알 사람이 없다(사
55:8~9). "누가 주께 먼저 드려서 갚으심을 받겠느냐" 하나
님의 긍휼과 구원의 은혜는 풍성하여 나의 선행, 의, 헌신
등 그 어떤 것으로도 갚을 길이 없다.

별것 아닌 나의 윤리와 도덕, 섬김과 봉사, 믿음까지도
자랑할 것이 결코 아니다. 내가 구원받고 하나님 자녀로
복을 누리며 사는 것은 이해할 수 없는 은혜로 된 것이다.
칼뱅은 이를 '불가항력적 은혜'라고 불렀다. 사람의 힘으
로 어찌할 수 없는 은혜인 것이다.

그러므로 우리는 이 놀라운 은혜를 깨달을 때마다 하

나님을 즐거워하며 찬양할 수밖에 없다. 하나님을 믿고, 찬양하고, 감사하고, 기뻐하고, 모든 것에서 동행하며 베푸신 그 은혜와 사랑을 드러내며 사는 것이다.

"사람의 제일 되는 목적이 무엇인가? 사람의 제일의 목적은 하나님을 영화롭게 하는 것과 영원토록 그를 즐거워하는 것이다." **웨스트민스터 소요리 문답**

나를 구원하신 하나님의 은혜를 생각하고 감사하며 누군가에게 그 마음을 나누어 보자.

신학과 예배의 균형

이는 만물이 주에게서 나오고 주로 말미암고 주에게로 돌아감이
라 그에게 영광이 세세에 있을지어다 아멘 (11:36)

신학은 하나님을 알아 가는 학문이다. 우리의 믿음에
신학이 없으면 맹신에 빠지거나 우상 숭배, 이단으로 전
락하기 쉽다. 이 신학은 예배와 긴밀하게 연결되어야 한
다. 신학에 예배가 없으면 생명과는 무관한 교만한 지식
에 불과하다. '예배하는 신학'과 '신학 있는 예배'가 함께할
때 우리의 신앙이 더욱 든든하게 자라나고, 교회가 부흥
하게 된다.

"이는 만물이 주에게서 나오고 주로 말미암고 주에게
로 돌아감이라" 이것은 신학적 설명이다. 우리 인간이 하
나님께 의존해야 하는 이유를 밝힌 것이다. 여기서 만물
은 모든 피조물뿐만 아니라 새 창조 새 역사까지 포함한
다. '어디서' 만물이 나왔는가를 묻는다면 우리의 대답은
'하나님에게서 나왔다'이다. '어떻게' 만물이 존재하냐고
묻는다면 우리의 대답은 '하나님으로 말미암아'이다. '왜'

만물이 존재하고, '어디로' 가느냐고 묻는다면 우리의 대답은 '하나님을 위해', '하나님에게로'이다. 곧 하나님이 만물의 근원이고 수단이며 목적이다(계 1:8, 21:6, 22:13).

사도 바울은 로마서 11장까지 자신의 구원론을 설명하면서 최종 결론을 맺는다. "그에게 영광이 세세에 있을지어다 아멘" 그는 하나님께 영광을 돌린다. 예배로 마친 것이다. 그는 가난한 마음으로 겸손히 하나님께 영광을 돌린다. 은혜로 구원받은 자로서 하나님께서 가장 기뻐하시는 찬송을 드린다. 신학에서 예배로 끝맺는다. 이렇게 신학과 예배는 기독교 신앙에서 언제나 함께 가는 것이다. 잊지 말자. "신학에서 예배로! 예배에서 신학으로!"

나는 '신학과 예배'가 균형 잡혀 있는지 돌아보고,
더 온전한 믿음으로 자라길 기도하자.

로마서 365

매일 복음 묵상 2

초판 1쇄 인쇄 2024년 4월 12일
초판 1쇄 발행 2024년 4월 16일

지은이   김석년
발행인   강영란
사업총괄   이진호

발행처   샘솟는기쁨
출판등록   제 2019-000050 호
주소   서울시 중구 수표로2길 9 예림빌딩 402 (04554)
대표전화   02-517-2045
팩스(주문)   02-517-5125
홈페이지   https://blog.naver.com/feelwithcom
전자우편   atfeel@hanmail.net

편집   박관용 권지연
마케팅   이진호
디자인   트리니티
제작   아이캔
물류   신영북스

ⓒ 김석년, 2024
979-11-92794-38-9 (04230)
979-11-92794-29-7(세트) (04230)